高学年 子どもの喜ぶ国語クイズ&パズル&ゲーム

鈴木雅晴・甘利直義 著

黎明書房

はじめに

複雑で、しかも大量の情報があふれている現代社会は、我々大人のみならず、子どもにも、大きな影響を与えているものと思われます。目まぐるしく変わる時代の中で、学校における教育のあり方も、さまざまな対応を要求されていると言えます。本書『子どもの喜ぶ国語クイズ&パズル&ゲーム・高学年』は、いわゆる学校の教室で学習する、「教科としての国語」にとどまらず、子どもたちが、ふだん目にし、耳に聞く日常生活での言語を念頭において、楽しい遊びの中から、自然なかたちで考える力をのばし、知らず知らずのうちに、知識と理解を深めていくことを目指して書かれたものです。

五、六年生ともなりますと、知的好奇心も、かなり強いものを示すようになります。また、水準の高いものを求める子どもが出てまいります。現場での、こうした実感をふまえて、問題の構成に際しては、使用漢字や、熟語、ことわざなど、中には、五、六年の領域を越えるものも、あえて盛り込んでみました。

本書は、直接お子さん方が読んで遊ぶだけでなく、先生方や、御父兄の方も、一緒になって考え、頭をひねって、楽しんでいただけたらと、願って書かれたものです。

本書を読んだことがきっかけで、辞書をひくのが苦にならなくなったとか、漢字に興味がわいて来たとか、自分自身の言語生活そのものに関心をもつ子どもが、一人でもあらわれたら、この上ない喜びとするものです。

なお、本書は、先に「指導者の手帖」第99巻として出版されたものを、判型を大きくし読みやすくしたものです。末永いご愛読を、お願いいたします。

鈴木雅晴
甘利直義

もくじ

●ことば遊び　五年

1 へんな手紙

【先生・お母さんへ】次頁のような五十音の表があると、解読に便利です。

学校の中で、わけのわからない手紙をひろいました。ヒントもついていました。あなたも挑戦して正しく読んでみてください。

さはとぎむんらもちふなひ、さてたる
まけはえつぬ、くとけぢしう。
うてすらぬかゆてん、ちぼらえの。

☆ヒント
ひらがな五十音の
表を一字前にずら
してごらん！

五十音表

ん	わ	ら	や	ま	は	な	た	さ	か	あ
		り		み	ひ	に	ち	し	き	い
		る	ゆ	む	ふ	ぬ	つ	す	く	う
		れ		め	へ	ね	て	せ	け	え
	を	ろ	よ	も	ほ	の	と	そ	こ	お

答え

このてがみをよめたひとは、こっそり
ぼくのうちに、きてください。
いっしょにおやつを、たべようね。

●語い五年

2 ことばのシャワー

【先生・お母さんへ】三人以上なら何人でも遊ぶことができます。同時に発声する人の口元を見ながら、耳をすまして聞き分ける集中力も養えます。

❖遊び方①

「ゆ」という音と「き」という音を、二人が同時に発音したらどうなるでしょう。なかなか聞き分けられないものです。あらかじめ相談して決めておいたことばを、二人が、「一、二、三」の合図で、同時にさけびます。これを、ほかの人が当てるゲームです。

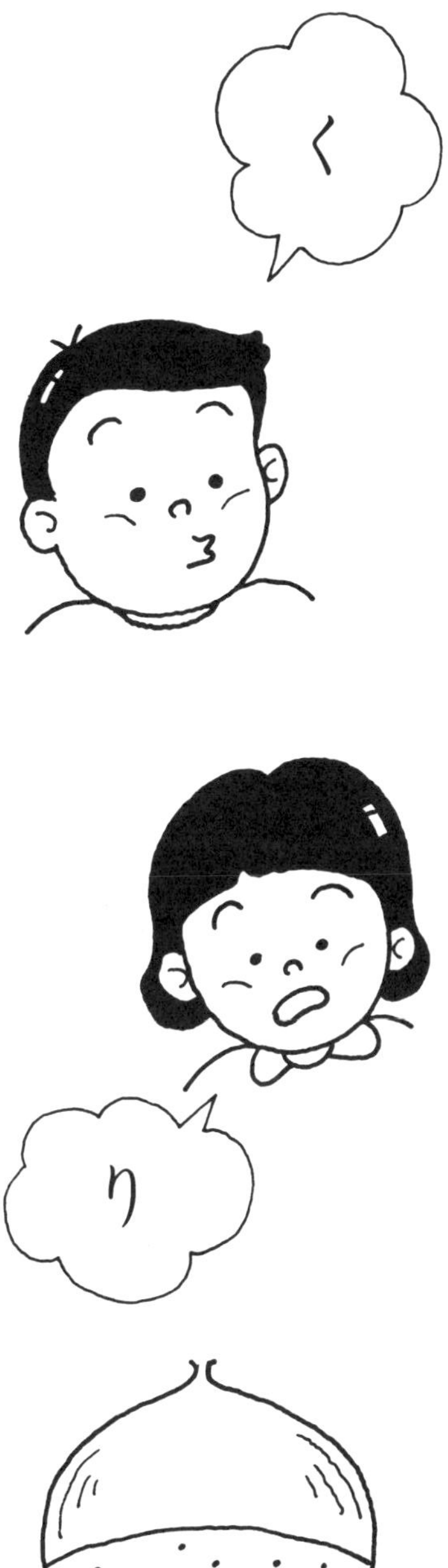

❖遊び方②

三人で遊ぶ時は、「りんご」とか「くるま」などの三音でできていることばを見つけましょう。人数が多くなったら、二人グループや三人グループを作って、グループ同士で競うと、もっともっと楽しく遊べます。

また、音が合っていても、組み合わせ方が違うと不正解という場合もあります。「夏」と「綱」、「時計」と「毛糸」などがありますから、ゲームを始める前に、ルールを決めておきましょう。

●かなづかい　五年

3 どっちかな

【先生・お母さんへ】かなづかいには、歴史的かなづかいと現代かなづかいの二つありますが、ここでは、発音通りにうつす現代かなづかいで考えさせてください。

線の部分の読みがなは、どう書きますか。

① はだかの王様
② 私立か公立か
③ 火事場のばか力
④ 学習机

⑤　お酒の杯
⑥　氷イチゴ
⑦　通り雨
⑧　傷口が痛い

答え

①…おうさま　②…こうりつ　③…ばかぢから　④…がくしゅうづくえ
⑤…さかずき　⑥…こおりイチゴ　⑦…とおりあめ　⑧…きずぐち

●送りがな　五　年

4 漢字と仲よく

【先生・お母さんへ】送りがなひとつで、読み方がまったくちがうことに注意させたいものです。

漢字をはさんで、送りがなのかたまりが上と下にあります。うまく組み合わせて一つの漢字で二通りの読み方を作ってください。

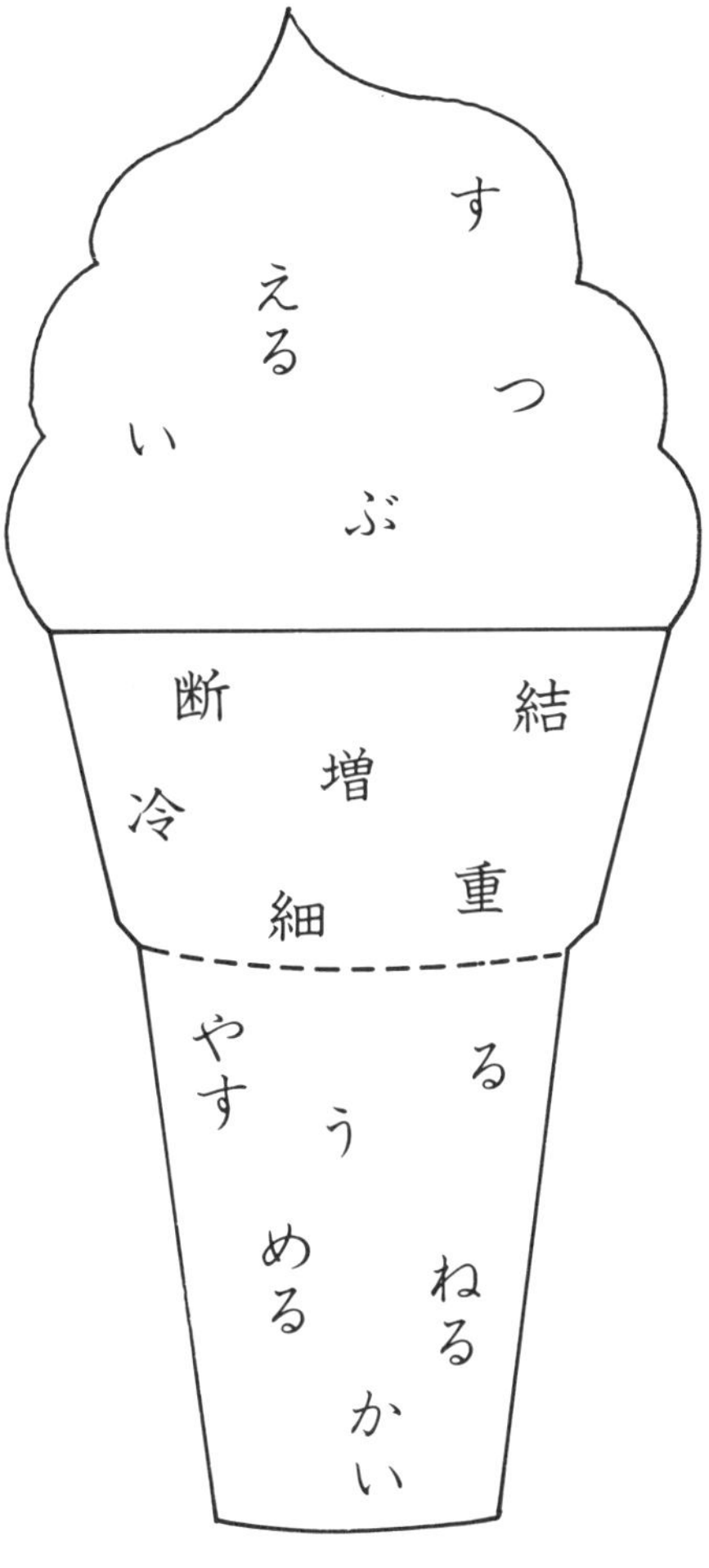

答え

結ぶ（むすぶ）
結う（ゆう）

増す（ます）
増やす（ふやす）

断つ（たつ）
断る（ことわる）

重い（おもい）
重ねる（かさねる）

細い（ほそい）
細かい（こまかい）

冷える（ひえる）
冷める（さめる）

●かなづかい　五年

5 □に入れよう！　じ・づ・ち…

【先生・お母さんへ】かなづかいは、同じ発音でも字の違うものもあるので、特別なものは覚えさせてください。

ヒントを読んで、□の中に入るひらがなのことばを書いてごらんなさい。

① 土地の表面　□□□

② 一一九番に電話!!　□□

③ 悪い考え　□る□え

④ 鼻から出る血　□□□

⑤ マンガの　□□き　を読む

⑥ わかすとお湯になります。　□□

⑦「近い」の反対

□□□

⑧ ひるまのあいさつ

こ□に□□

⑨ 皆の前で歌うなんて…

□□かし□

⑩ こういう形の月

□か□□

答え

①…じめん　②…かじ　③…わるぢえ　④…はなぢ　⑤…つづき　⑥…みず

⑦…とおい　⑧…こんにちは　⑨…はずかしい　⑩…みかづき

●句読点　五年

⑥どこに打ちますか

【先生・お母さんへ】うっかりすると、とんでもない意味になりますね。

どこに、「、」や「。」を打ちますか。二通り作れます。

① 先週山にいった人がたくさんいた

② ふたえにしてくびにかける

③ ぼくは汗をかいて走る弟を追いかけた

④ 母が父とぼくをよんだ

答え

①…{先週山にいった。人がたくさんいた。
先週山にいった人が、たくさんいた。

②…{ふたえにし、てくびにかける。
ふたえにして、くびにかける。

③…{ぼくは汗をかいて、走る弟を追いかけた。
ぼくは、汗をかいて走る弟を追いかけた。

④…{母が、父とぼくをよんだ。
母が父と、ぼくをよんだ。

●慣用句　五年

7 同じものでも…

□の中には、体に関係したことばが入ります。

①

□

がぬける

をうかす

をすえる

がくだける

【先生・お母さんへ】日常何気なく話していることばの中の慣用的表現に気づかせます。国語辞典や慣用句に関する子ども向けの本を活用させてもよいでしょう。

②

をひねる
が下がる
が古い
がかたい

④

から火が出る
がきく
色をみる
にどろをぬる

③

であらう
につく
を明かす
が高い

⑤

□

をまく
つづみをうつ
がもつれる
が回る

⑥

□

をかりる
がすく
を打つ
がさわぐ

⑦

□

をひねる
がつながる
が回らない
を長くする

⑧

□

- をかす
- につく
- が痛い
- をそろえる

⑨

□

- をこまねく
- を焼く
- にある
- も足も出ない

⑩

□

- を運ぶ
- が出る
- もとに火がつく
- のふみ場もない

答え

①…腰　②…頭　③…鼻　④…顔

⑤…舌　⑥…胸　⑦…首　⑧…耳

⑨…手　⑩…足

●漢字五年

8 トンチ漢字

【先生・お母さんへ】漢字の勉強をする時は、「へん」や「つくり」を意識させましょう。

次のヒントから、漢字を考えてください。（　）の中の数字はその漢字の画数です。

① シのたに（10）
② もくもく（8）
③ ひもの（12）
④ かわページ（12）
⑤ カネうしない（13）
⑥ 田んぼのちから（7）
⑦ ふたつくち（6）
⑧ くちくちだいくちくち（15）

⑨ いしかわ（10）
⑩ こめわけ（10）
⑪ にしおんな（9）
⑫ 四《シ》÷キ（11）

答え

①…浴 ②…林 ③…暑 ④…順 ⑤…鉄 ⑥…男 ⑦…回 ⑧…器 ⑨…破
⑩…粉 ⑪…要 ⑫…深

●漢字の書き取り　五年

⑨ なんか変だね

【先生・お母さんへ】あいまいな記憶で、よく似た漢字を書いたり、意味がはっきりとわかっていないのに使うと、まちがいがおこりやすいのです。

漢字の書き取りをしました。でも、ちょっとおかしいですね。直しましょう。

① 気船（きせん）にのりたいなあ
② 大きなインド像（ぞう）
③ 会義（かいぎ）をひらく
④ それも必用（ひつよう）です
⑤ 良い決果（けっか）が出た
⑥ 輪出（ゆしゅつ）品
⑦ 労動（ろうどう）者
⑧ 記緑（きろく）をはかる
⑨ まぶしい大陽（たいよう）

⑩ 面積（めんせき）を求める

答え

①…汽船　②…象　③…会議　④…必要　⑤…結果　⑥…輸出　⑦…労働　⑧…記録

⑨…太陽　⑩…面積

●漢字の読み　五年

10 読み方が変わったぞ

【先生・お母さんへ】二つのことばが重なると、読み方が変わってしまうという、きまりがあります。

例をよく見ましょう。二つのことばが重なると、どう読むことになりますか。

例

水《みず》と車《くるま》 ← 水車 ← みずぐるま

① 風《かぜ》と車《くるま》 ← 風車 ← □□□□□

② 花《はな》と畑《はたけ》 ← 花畑 ← □□□□□

③ 春《はる》と雨《あめ》 ← 春雨 ← □□□□

④ 白《しろ》と帆《ほ》 ← 白帆 ← □□□

⑤ 海《うみ》と原《はら》 ← 海原 ← □□□□

答え

①…かざぐるま　②…はなばたけ　③…はるさめ　④…しらほ　⑤…うなばら

●漢字の読み　五年

11 こんなに読み方があるの

【先生・お母さんへ】むかしからのならわしで、特別な読み方が決められたものがあります。しっかり覚えさせましょう。

一つの漢字でも、いくつも読み方のあるものがあります。読んでごらんなさい。

❖その①

①　下

- あ　下流
- い　下手
- う　下げる
- え　下る
- お　下りる

②　行

- あ　行く
- い　行商
- う　親孝行
- え　行方不明
- お　行い

③

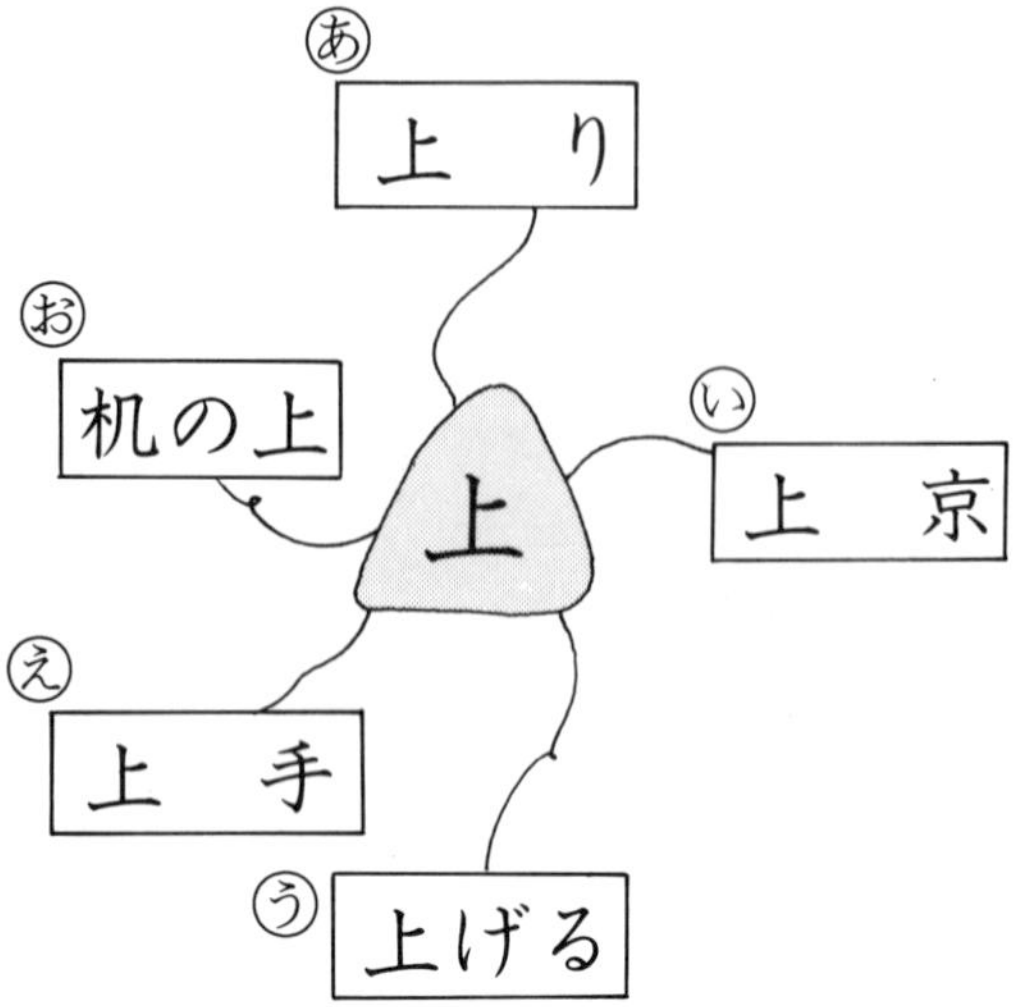

④

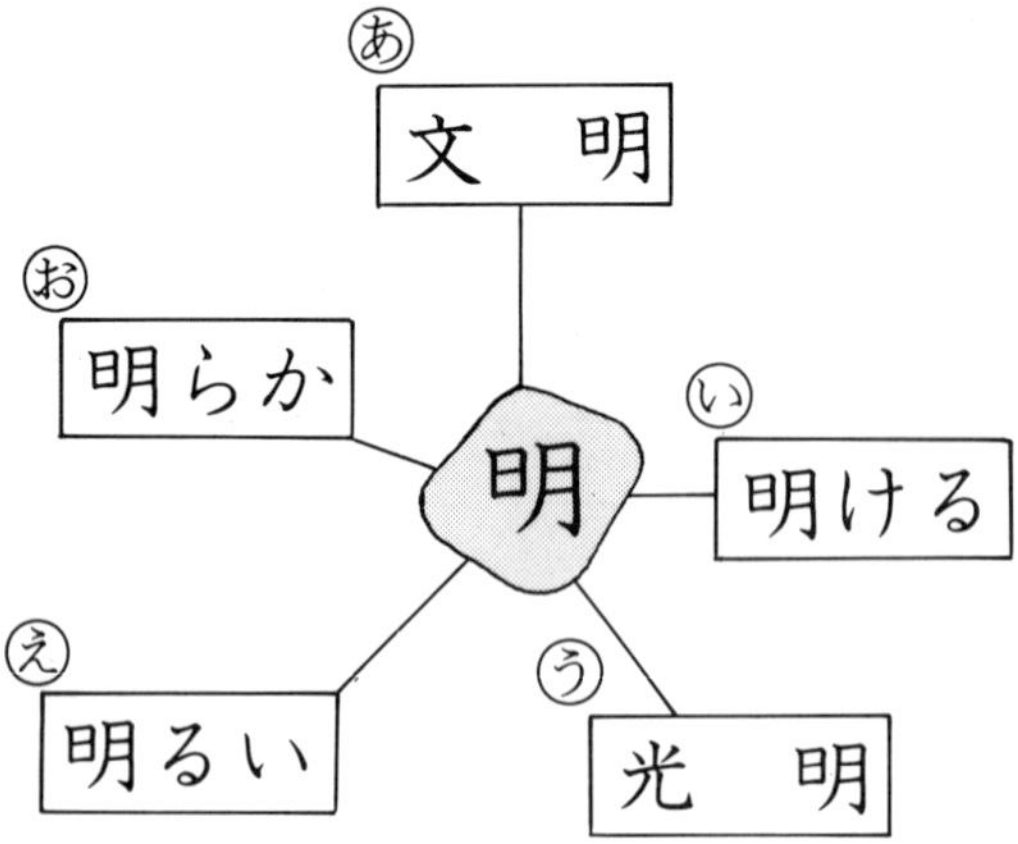

⑤

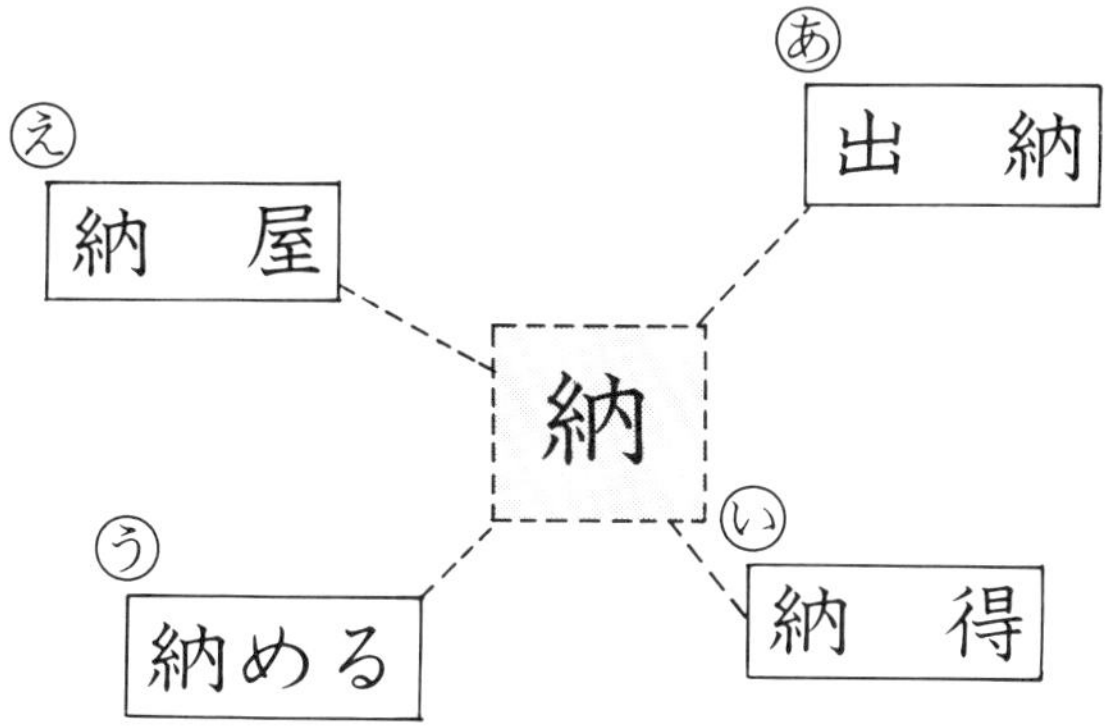

答え

①
あ…かりゅう
い…しもて
う…さげる
え…くだる
お…おりる

②
あ…いく
い…ぎょうしょう
う…おやこうこう
え…ゆくえふめい
お…おこない

③
あ…のぼり
い…じょうきょう
う…あげる
え…かみて
お…うえ

④
あ…ぶんめい
い…あける
う…こうみょう
え…あかるい
お…あきらか

⑤
あ…すいとう
い…なっとく
う…おさめる
え…なや

❖その②

読み方のたくさんある漢字の中でも、一番の王様は「生」です。
さあ、いくつ読めますか。特別な読み方や、地名もあります。

①生きる
②生まれる
③生える
④生う
⑤生じる

⑥先生
⑦生類
⑧生花
⑨生一本
⑩生憎

生

（地名）
⑪福生
⑫壬生
⑬越生
⑭相生
⑮生田

⑯誕生
⑰生る
⑱弥生
⑲生粋
⑳芽生え
㉑芝生
㉒生卵

答え

①…いきる　②…うまれる　③…はえる　④…おう　⑤…しょうじる
⑥…せんせい　⑦…しょうるい　⑧…せいか　⑨…きいっぽん　⑩…あいにく
⑪…ふっさ　⑫…みぶ　⑬…おごせ　⑭…あいおい　⑮…いくた
⑯…たんじょう　⑰…なる　⑱…やよい　⑲…きっすい　⑳…めばえ　㉑…しばふ
㉒…なまたまご

●慣用句 五年

12 体は使われている

【先生・お母さんへ】慣用句をたくさん知っていると、作文を書いたり、話したりする時に役立ちます。大いに覚えさせてください。

次の文は、体の一部分を使った慣用句です。さて、どの部分でしょう。□の中に漢字を入れてごらんなさい。

❖その①

①　□
- に余る
- がこむ
- を焼く

②　□
- にかける
- につく
- を高くする

③　□
- が立たぬ
- に衣《きぬ》着せぬ
- がうく

④

□

がすわる

が太い

が立つ

⑤

□

をひっぱる

が向く

が出る

答え

①…手

②…鼻

③…歯

④…腹

⑤…足

❖その②

①甘いものに□がない

②悪い人とは□を切りなさい

③□であしらう

④□を出して、ばかにする

⑤有名人は□が広い

⑥まったく□をかしげることだらけ

⑦トラブル続きで□が痛い

⑧ホッと□をなでおろす

⑨有力選手と□をならべる

⑩□を食いしばってがんばる

答え

①…目　②…手　③…鼻

④…舌　⑤…顔　⑥…首

⑦…頭　⑧…胸　⑨…肩

⑩…歯

13 ひとやすみ

●漢字探し

【先生・お母さんへ】漢字のはね、ゆがみは考えずに楽しく取り組ませましょう。三十個以上見つけられますか。

上と下にぼうで作った形があります。それぞれの形に、いったいいくつの漢字が、かくされているでしょうね？

①

②

答え

いくつわかりましたか。「ええっ、そうか」というのがあるでしょう。

①…一　上
二　土
三　王
十　川
口　工
日　円
田
旧
七
など

②…甲　巨
出　片
月　用
中　由
手
旦
古
目
市
など

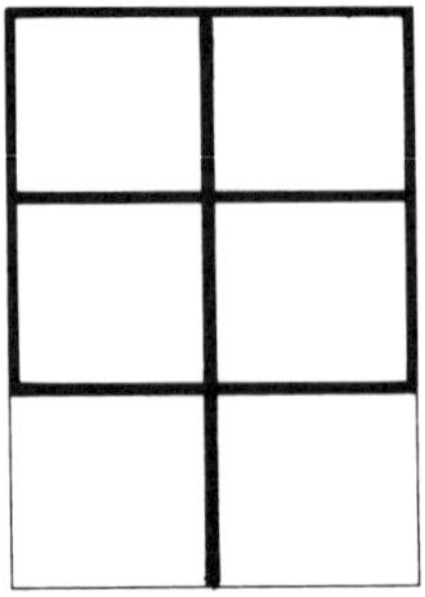

●同音異義語　五年

14 パソコンはこわい

【先生・お母さんへ】パソコンのワープロソフトは便利ですが、とんだまちがいをしないように気をつけさせましょう。

パソコン（パーソナルコンピュータ）で、文章を書きました。でも、少し漢字が変ではありませんか？　正しく直しましょう。

①
野球で高価を歌う

②
こわいなあ、会談話は

③
山に登って加工を見た

④
新しく回転したお店

⑤
病気が解放に向かう

⑥
君は医師が弱い

⑦
以外と簡単です

⑧
原子人の骨だ！

答え

①…高価→校歌　②…会談話→怪談話　③…加工→火口　④…回転→開店

⑤…解放→快方　⑥…医師→意志　⑦…以外→意外　⑧…原子人→原始人

●類義語　五年

15 似たものことばクイズ

❖その①

外側の円と内側の円を回転させて、同じ意味のことばがつながるようにしましょう。

【先生・お母さんへ】形や音が違っても意味がほぼ同じである類義語に注目させます。ここでは、熟語を扱っていますが、動詞や形容動詞でもできます。

❖その②

外の□の中のことばとよく似た意味のことばを円の中から選びましょう。

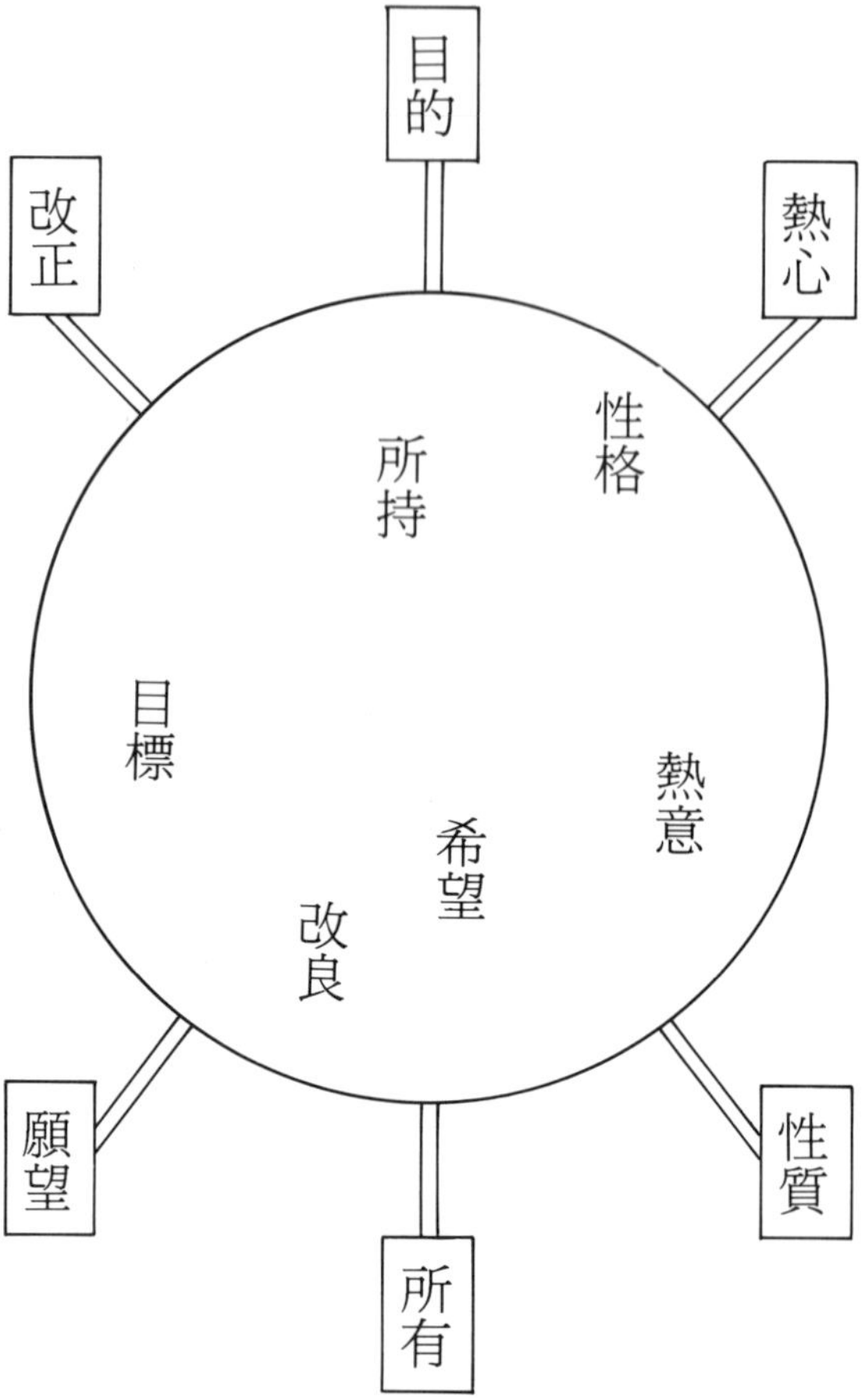

❖その③

外側のことばとよく似た意味のことばを、円の中の漢字を二つ組み合わせて作りましょう。

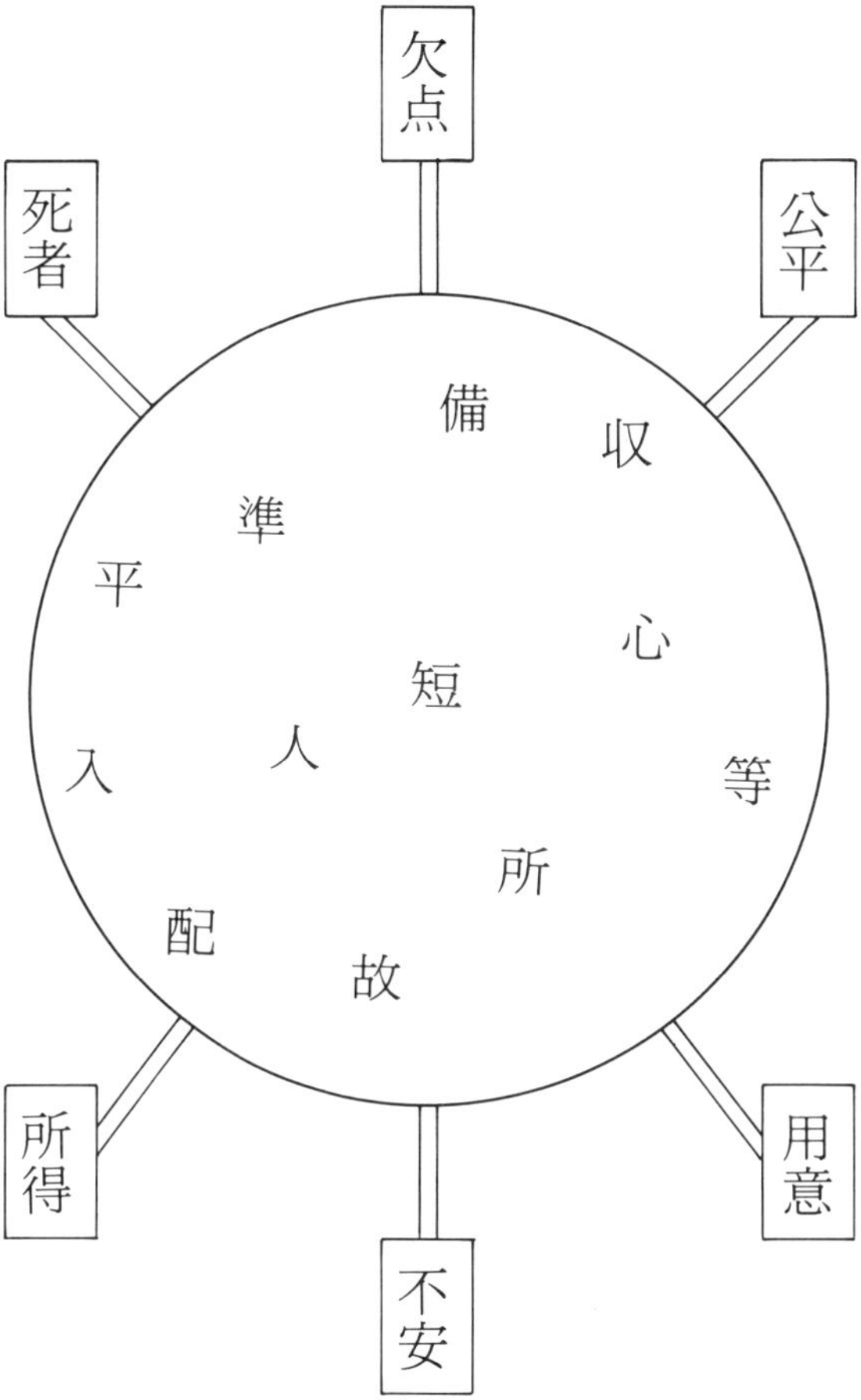

答え

その①…同意―賛成　故国―祖国　進歩―向上
日常―平素　首都―首府　公開―公表

その②…目的―目標　熱心―熱意　性質―性格
所有―所持　願望―希望　改正―改良

その③…欠点―短所　公平―平等　用意―準備
不安―心配　所得―収入　死者―故人

●多義語　五年

16 便利な漢字

【先生・お母さんへ】文の前後の関係から、どんな意味になるのかを考える必要があります。

使い方によっては同じことばでもいろいろな意味を持ちます。

さて、図のまん中に入ることばは、いったい何でしょう。

①

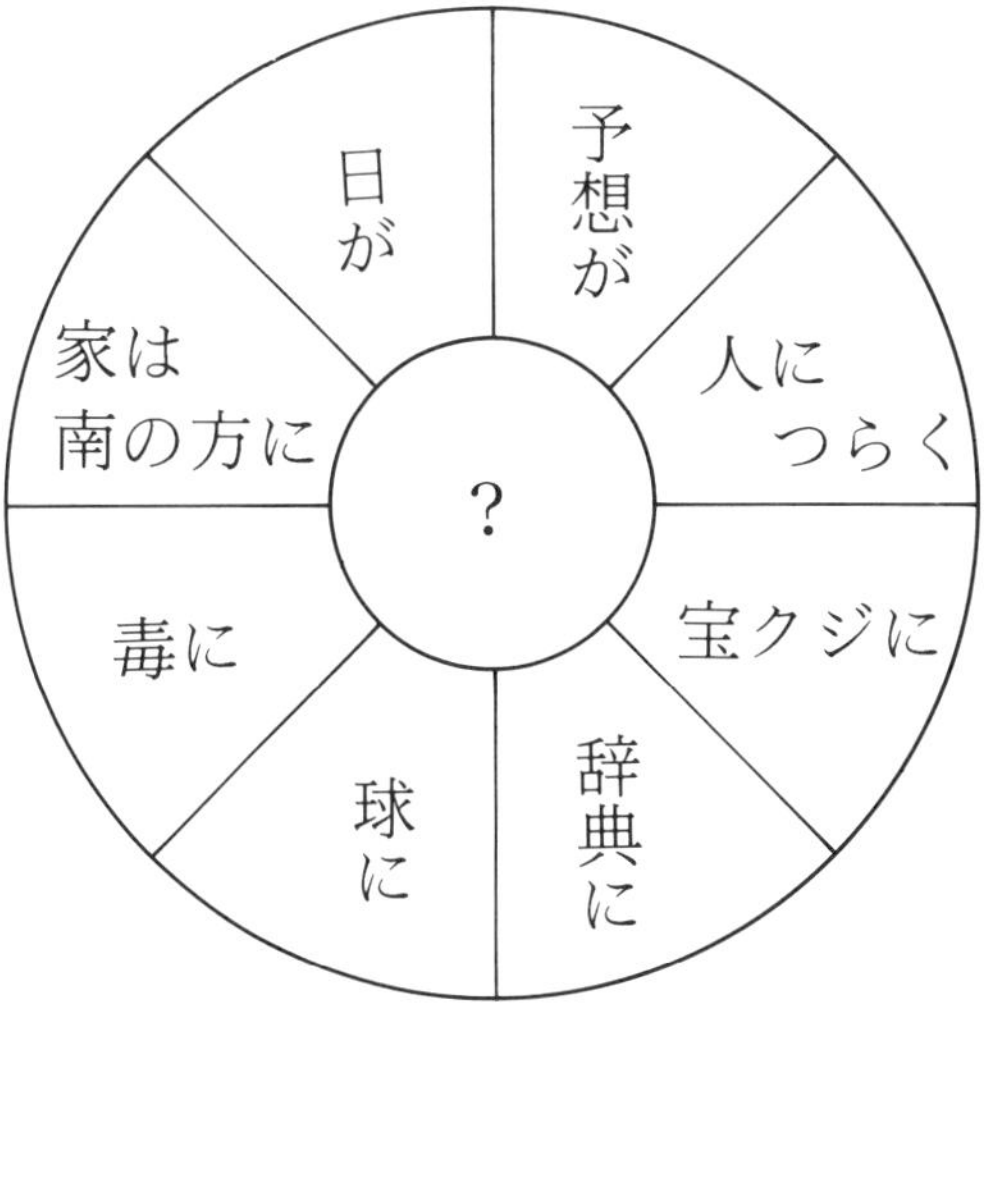
予想が
人に
つらく
宝クジに
辞典に
球に
毒に
家は
南の方に
日が
?

②

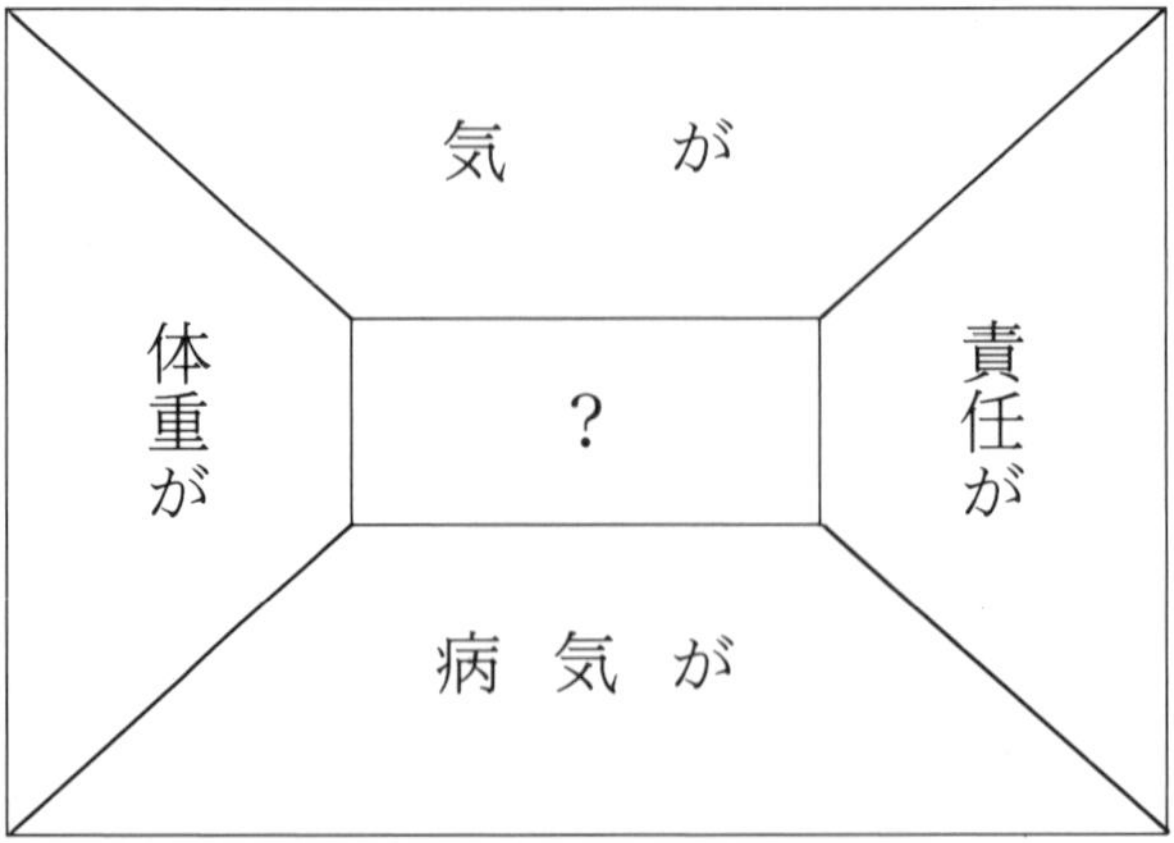
気　が
体重が
?
責任が
病気が

③

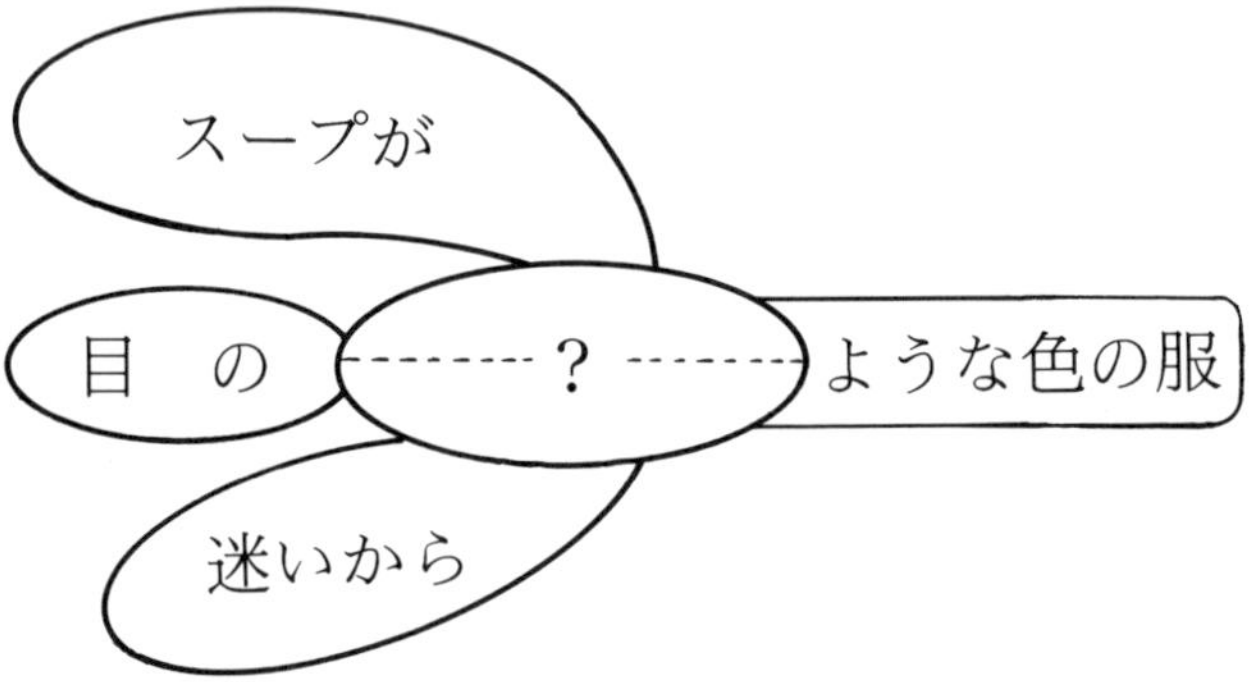
スープが
目　の
?
ような色の服
迷いから

④

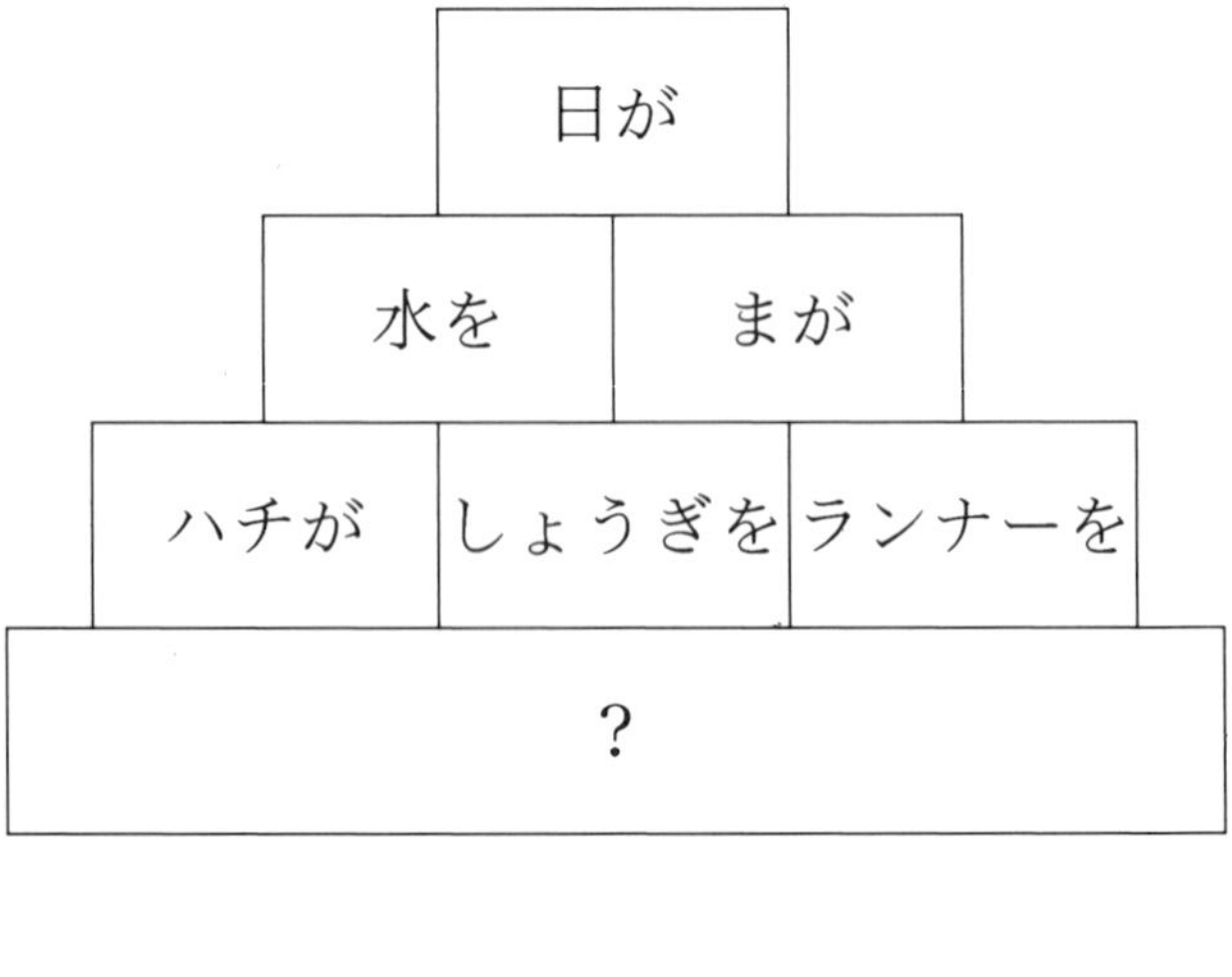
日が
水を
まが
ハチが
しょうぎを
ランナーを
?

⑤

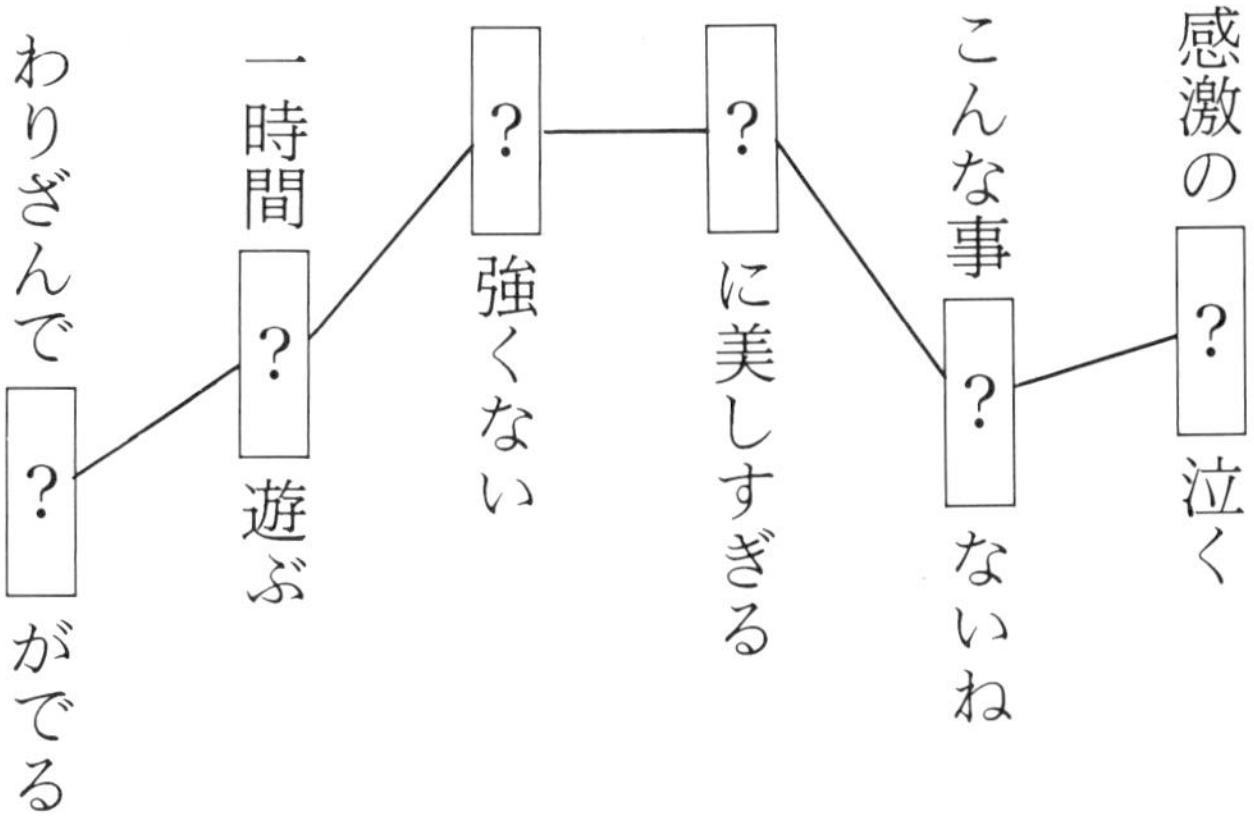
感激の ? 泣く
こんな事 ? ないね
? に美しすぎる
? 強くない
一時間 ? 遊ぶ
わりざんで ? がでる

⑥

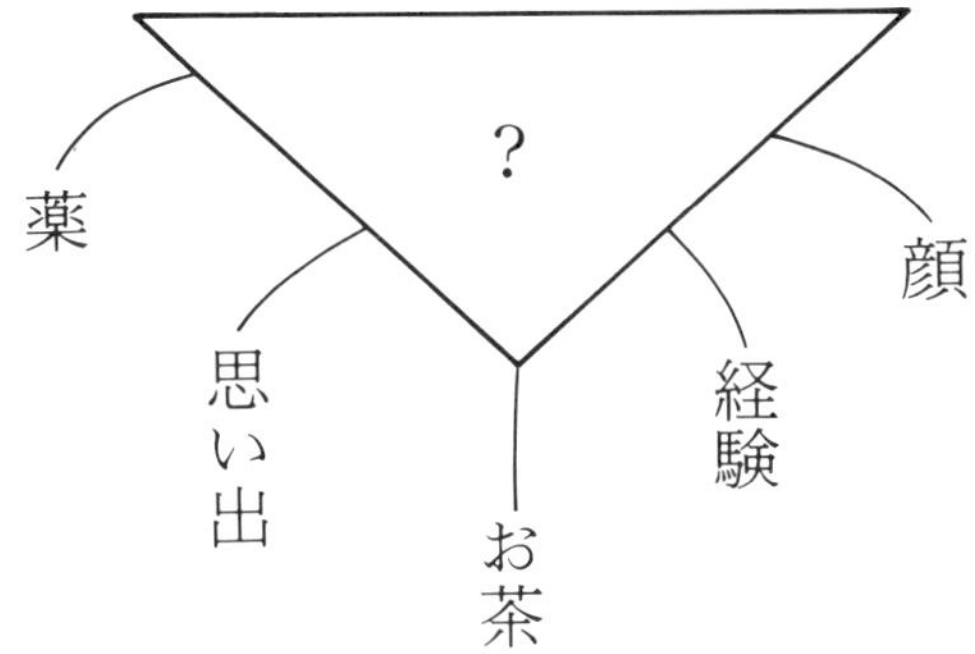
?
薬
顔
思い出
経験
お茶

⑦

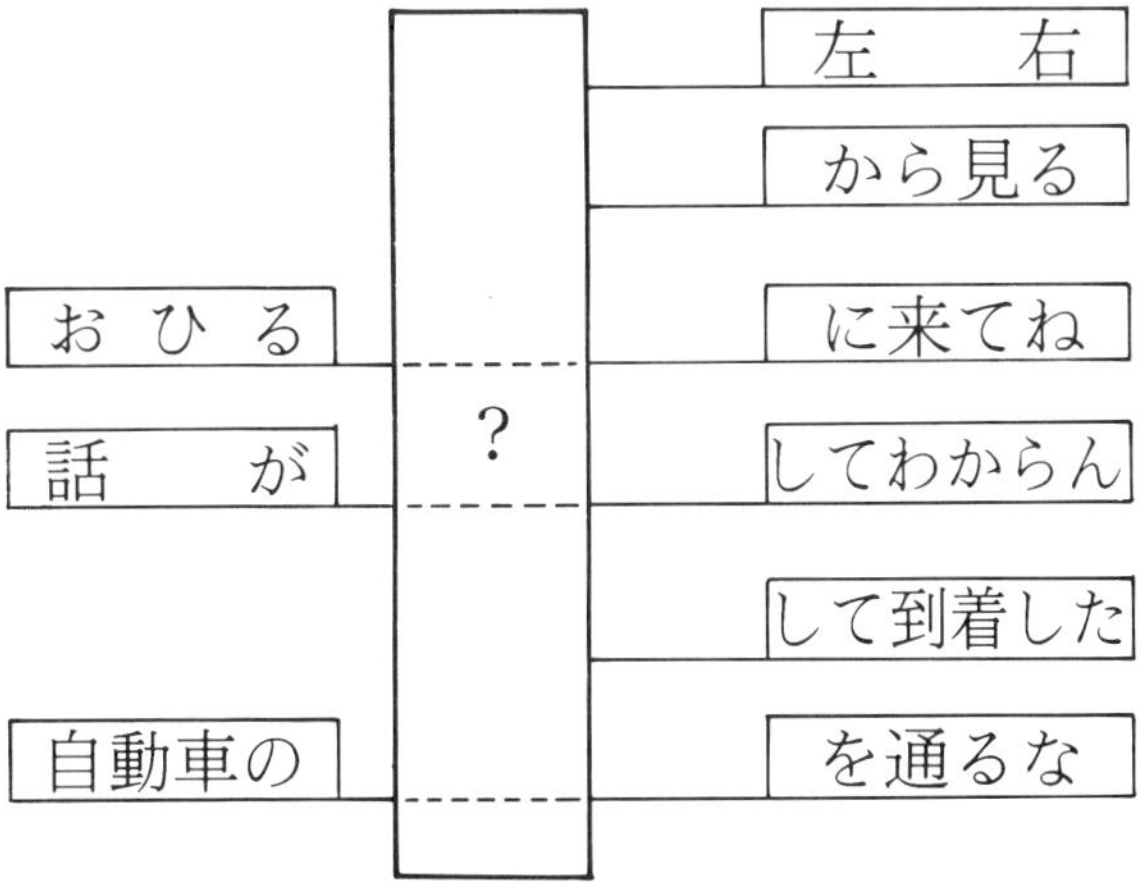
左　右
から見る
おひる
に来てね
話　が
?
してわからん
して到着した
自動車の
を通るな

⑧

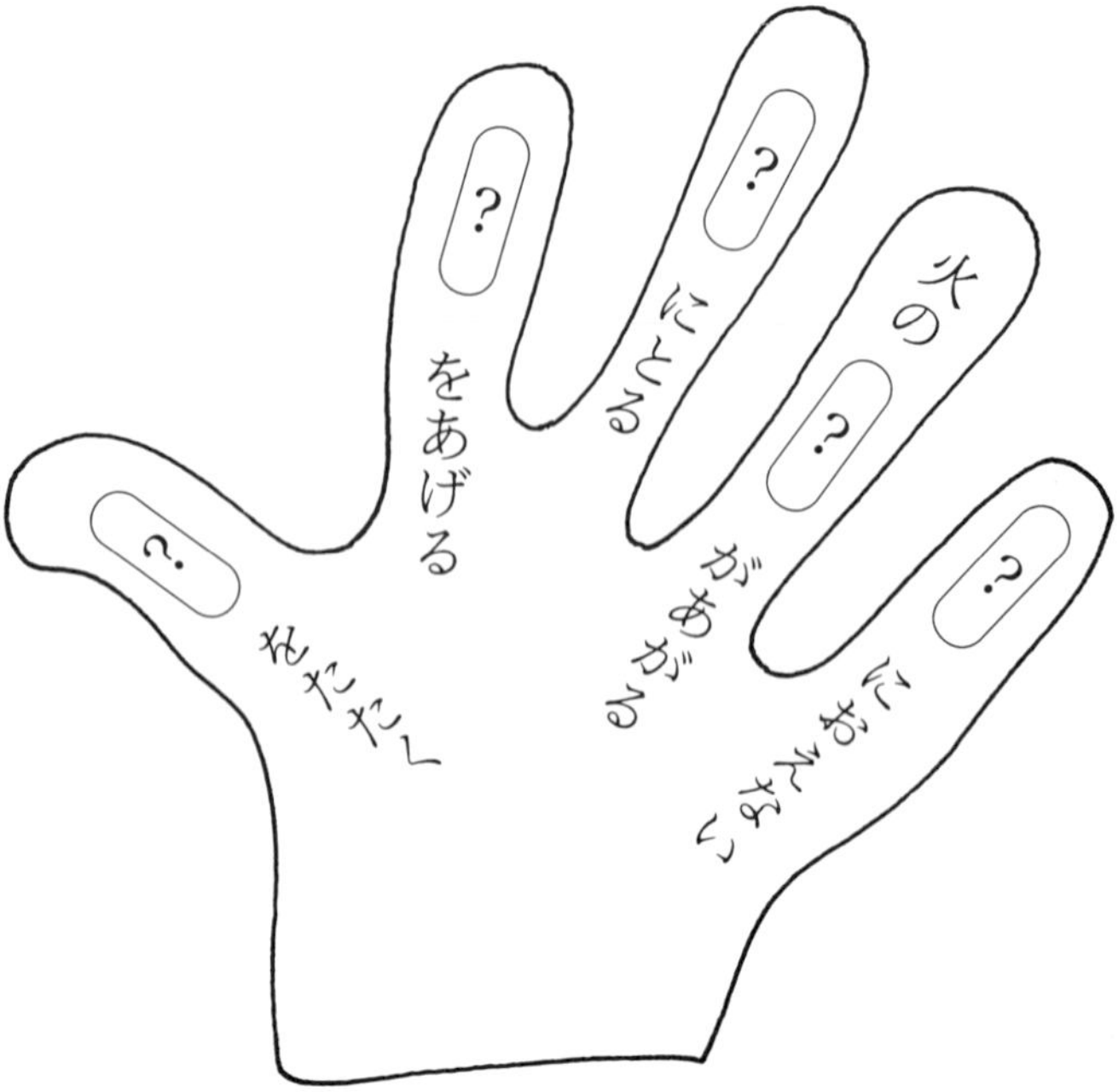

答え

①…あたる　②…重い

③…さめる　④…さす

⑤…あまり　⑥…にがい

⑦…前後　⑧…手

●ローマ字　五年

17 こくご・国語・コクゴ・KOKUGO

【先生・お母さんへ】日本語を書きあらわす文字には、ひらがな・漢字・かたかな、そしてローマ字があります。

❖その①

次の□の中にアルファベットを入れて、ローマ字のことばを作りましょう。

① a□e（あめ）

② g a□□ô（学校）

③ k□□（顔）

④ □o□（本）

⑤ y□□□（雪）

⑥ □i□□□n（新聞）

⑦ □□t□i（マッチ）

⑧ □□n’□□（パン屋）

❖その②

しりとりは皆さん知っていますね。ローマ字でそれをやってみましょう。いくつ、続けられますか。自分で、どんどん作ってください。

a r i → i n u → u m e
→ e ＿＿＿

答え

その①

① a m e
② g a k k ô
② k a o
④ h o n
⑤ y u k i
⑥ s i n b u n
⑦ m a t t i
⑧ p a n'y a

●部首 五年

18 ひとやすみ

【先生・お母さんへ】漢字を組み立てている部分のことを部首といいますが、問題のように、七つにまとめることができます。

次のもようは何だと思いますか。漢字に関係したものです。

①

②

③

④

⑤

⑥
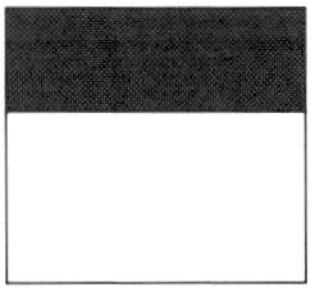

⑦

答え

そうです。漢字の組み立てを表す部首を、わかりやすく図にしたものなのです。

①は「かまえ」　②は「へん」　③は「にょう」　④は「つくり」

⑤は「たれ」　⑥は「かんむり」　⑦は「あし」です。

これらの部首を知っていると、漢字を勉強する時に、覚えやすいのです。また、まちがいもへります。

19 うまいこと言うね

●ことわざ　五年

次の絵や文字から、ことわざを考えてください。

❖その①

①

犬西尾東

②

耳　かべ　目

③

ちり
ちり　ちり
ちり　ちり　ちり

④

灯
暗

⑤

時
時　金　時
時

【先生・お母さんへ】ことわざは、短い文の中に教えやいましめがうまく含まれています。そのことばの意味だけでなく、裏にかくされた意味も正しく考えさせましょう。

⑥

石
鳥鳥

⑦

火
虫

⑧

花手花

⑨

皿
水

⑩

顔
顔 仏 顔

⑪

人
人 ちえ 人

答え

①…犬が西向きゃ尾は東
②…かべに耳ありしょうじに目あり
③…ちりも積もれば山となる
④…灯台もと暗し
⑤…時は金なり
⑥…一石二鳥
⑦…飛んで火に入る夏の虫
⑧…両手に花
⑨…寝耳《ねみみ》に水
⑩…仏の顔も三度まで
⑪…三人よれば文殊《もんじゅ》のちえ

❖その②

ある人が、ことわざを絵で表しました。それぞれ何を表しているのでしょう。

①

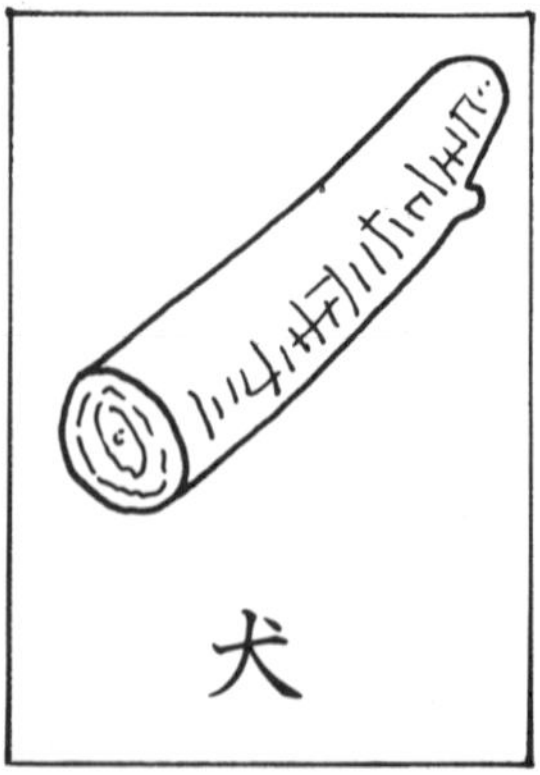

②

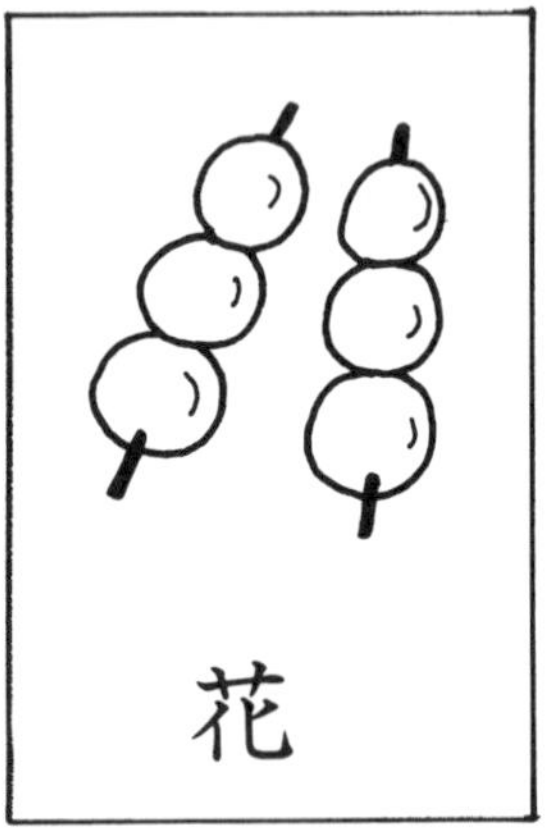

③

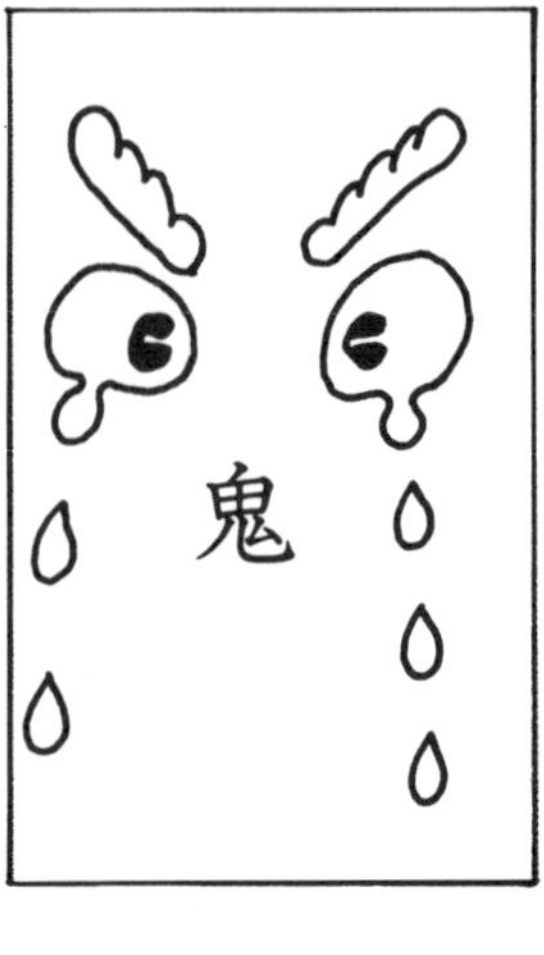

④

⑤

⑥

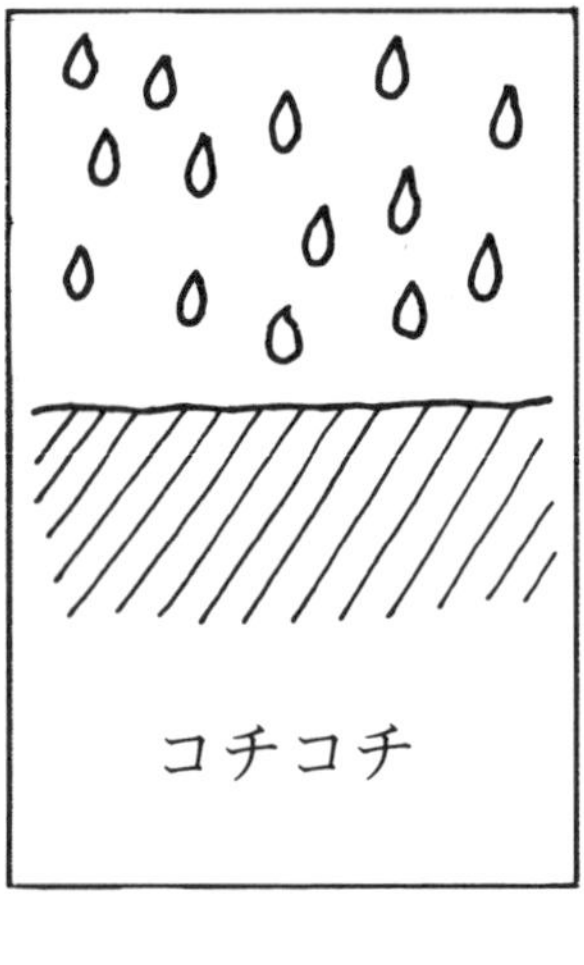

答え

①…犬も歩けば棒に当たる

②…花よりだんご

③…鬼の目にもなみだ

④…やぶをつついてへびを出す

⑤…人のうわさも七十五日

⑥…雨ふって地固まる

❖その③

次のことわざの□の中に、生きものの名前を入れてください。同じ生きものが何度も出てくる場合もあります。

①□の耳に念仏
②□に小判
③□も歩けば棒に当たる
④□が□を生む
⑤月と□
⑥立つ□あとをにごさず
⑦とらぬ□の皮算用
⑧逃げた□は大きい
⑨くさっても□
⑩□・□とらず
⑪□も鳴かずばうたれまい

⑫ □の川流れ
⑬ □の子は□
⑭ □も木から落ちる
⑮ □が西向きゃ尾は東
⑯ かい□に手をかまれる
⑰ □のこうより年の功
⑱ 飛んで火に入る夏の□
⑲ 泣きつらに□
⑳ 能ある□は爪をかくす
㉑ 渡る世間に□はない
㉒ 一寸の□にも五分のたましい

答え

①…馬　②…ねこ　③…犬　④…とび、たか　⑤…すっぽん　⑥…鳥　⑦…たぬき

⑧…魚　⑨…たい　⑩…あぶ・はち　⑪…きじ　⑫…かっぱ　⑬…かえる　⑭…さる

⑮…犬　⑯…犬　⑰…かめ　⑱…虫　⑲…はち　⑳…たか　㉑…鬼　㉒…虫

❖その④

ことわざには、意味が同じように使われるものがあります。上の①〜④と下のあ〜えを線で結んでみましょう。

① 弘法《こうぼう》も筆のあやまり ・　　・ あ かっぱの川流れ

② ぬかにくぎ ・　　・ い 紺屋《こうや》の白ばかま

③ せいては事をしそんじる ・　　・ う のれんにうでおし

④ 医者の不《ふ》養生《ようじょう》 ・　　・ え 急がばまわれ

❖その⑤

今度は、反対のことわざです。あ〜かの□に漢字、○にひらがなを入れ、反対の意味になることわざ同士を結びましょう。

① 人を見たら泥棒《どろぼう》と思え　・　・　あ ウリのつるには○○○は○○○

② とびがたかを生む　・　・　い ○○も□もれば□となる

③ 焼け石に水　・　・　う 渡る□□に鬼は○○

④ たなからぼたもち　・　・　え □石□鳥

⑤ 好きこそものの上手なれ　・　・　お へたの□□き

⑥ あぶはちとらず　・　・　か ○○○種は生えぬ

答え

その④

①―あ　②―う　③―え　④―い

その⑤

①―う…渡る世間に鬼はない

②―あ…ウリのつるにはなすびはならぬ

③―い…ちりも積もれば山となる

④―か…まかぬ種は生えぬ

⑤―お…へたの横好き

⑥―え…一石二鳥

●まちがえやすい漢字　五、六年

20 何かたりない…忘れ物！

【先生・お母さんへ】日常、漢字の学習で陥りやすい誤字の例をいくつかあげてみました。家庭や教室で、子どもに注意を喚起させるのに、役立つと思います。

どこか、何かが足りません。足りないところをおぎなって、正しい漢字にしましょう。

① 在
② 準
③ 修
④ 貿
⑤ 術
⑥ 得
⑦ 複
⑧ 燃
⑨ 尊
⑩ 域

⑪ 劇

⑫ 熟

⑬ 蒸

⑭ 幼

⑮ 朗

⑯ 優

⑰ 笑

⑱ 宝

⑲ 我

⑳ 難

㉑

㉒

㉓

㉔

㉕

㉖

㉗

㉘

㉙

㉚

答え

太い線のところが足りなかったのです。

①…在
②…準
③…修
④…貿
⑤…術
⑥…得
⑦…複
⑧…燃
⑨…尊
⑩…域
⑪…劇
⑫…熟
⑬…蒸
⑭…幼
⑮…朗
⑯…優
⑰…笑
⑱…宝
⑲…我
⑳…難
㉑…達
㉒…農
㉓…鼻
㉔…降
㉕…裏
㉖…裁
㉗…兼
㉘…穀
㉙…釈
㉚…痛

●まちがえやすい漢字　五、六年

21 おっとっと、余計だぞ！

ちょっと余計なところがあります。余計なところをとって、正しい漢字にしましょう。

① 祖

② 限

③ 許

④ 脃

⑤ 保

⑥ 児

⑦ 潔

⑧ 武

⑨ 預

⑩ 容

⑪ 済

⑫ 難

⑬ 奏

⑭ 郵

⑮ 郷

⑯ 危

⑰ 策

⑱ 勧

⑲ 盟

⑳ 染

㉑
恩

㉒
糖

㉓
泉

㉔
脳

㉕
革

㉖
遺

㉗
映

㉘
階

㉙
易

㉚
使

答え

太い線のところが余分です。

①祖
②限
③許
④肥
⑤保
⑥児
⑦潔
⑧武
⑨預
⑩容
⑪済
⑫難
⑬奏
⑭郵
⑮郷
⑯危
⑰策
⑱勧
⑲盟
⑳染
㉑恩
㉒糖
㉓泉
㉔脳
㉕革
㉖遺
㉗映
㉘階
㉙易
㉚使

●漢字　五、六年

22 漢字でキャッチボール

【先生・お母さんへ】漢字を使った簡単なゲームです。ここでは「部首」と「読み」を使ったゲームを紹介しますが、工夫しだいでいろいろなパターンが考えられます。

❖遊び方①（部首）

まずはじめに、どんな部首の漢字を集めるかを決めます。たとえば「木へん」ということにすると、次に先攻・後攻を決め、交互に思いついた漢字を書いていきます。途中で、思いつかなくなった方が負けというわけです。時間を決めてやってもおもしろいと思います。

うーん、ほかにどんな字があったかなあ…
松
林
村
まだまだこんなにあるのに…
機・校・構

❖遊び方②（読み）

遊び方①と同じように、今度は集める漢字の読みを決めます。読み方によっては、数十もの漢字がある場合があるので、三人以上いた方がよいかもしれませんが、あまり多過ぎると、なかなか順番が回ってきません。そういう時は二グループに分けるのもよいでしょう。

●漢字の画数　五、六年

23 ゲーム・ザ・画数《かくすう》

【先生・お母さんへ】総画数や部首の画数がゲームをしながら身につきます。また、「辶」や「糸」などの画数も自然と覚えることができるでしょう。

❖遊び方①

あらかじめ順番を決めておき、最初の人がまず、一画の漢字を書きます。次の人は、二画、三画……と、順に一画ずつ増やして、漢字を探していきます。見つからなくなった時点で、一ゲーム終了。二回戦は、一回戦に出た漢字を使ってはいけないというルールにすると、なかなかむずかしくなります。二～五人位でするのがよいでしょう。（一画の字は少ないので、スタートは二画からにしてもよいと思います。）

❖遊び方②

あらかじめ、①～⑮の数字を書いたカードを用意しておきます。全員が円になってすわり、真ん中にそのカードを裏返して積み上げておきます。順番に一枚ずつカードをめくって、出た数の画数の漢字をみんなで探します。一番早く言った人が、そのカードを自分の手元に置きます。こうして、すべてのカードをめくり終わったら、だれが一番たくさんカードを持っているかで勝敗を決めます。人数によってカードの数は増やした方がよいでしょう。その場合、①、②とか⑭、⑮ではなく、⑧、⑨、⑩あたりのカードを増やしておく方がよいでしょう。

❖遊び方③

向かい合って、「一、二の三」で自分の好きな数を、手を上げて指で示します。相手の出した指と自分の出した指の数を足し算して、その和の画数の漢字を探すゲームです。慣れてきたら、両手を使って数を出すのもよいでしょう。二〜四人で遊ぶと楽しいでしょう。

●送りがな　六　年

24 同じ送りがなパズル

同じ送りがなの漢字をマスの中に書き入れてみましょう。全部うまるかな？

【先生・お母さんへ】ここでは動詞の送りがなをとりあげましたが、活用語尾を送る原則に留意させたいものです。

①

う							

②

く							

③

す							

④

む							

⑤

つ							

⑥

る							

⑦

める

⑧

じる

⑨

える

⑩

ける							

⑪

ぶ			

⑫

れる			

⑬

べる			

⑭

てる			

答え

①…歌、失、使、戦、会、思、買、願　②…行、書、鳴、開、動、焼、続、聞
③…話、写、消、示、残、移、通、貸　④…休、読、住、進、飲、積、望、編
⑤…立、持、勝、建、待、育、打、絶　⑥…取、走、乗、折、残、帰、散、来
⑦…始、定、治、決、求、閉、認、努　⑧…感、信、命、生、交、混、閉、禁
⑨…教、考、伝、覚、数、答、燃、消　⑩…助、届、明、欠、溶、負、続、付
⑪…運、喜、飛、学　⑫…晴、流、乱、割
⑬…食、比、述、調　⑭…立、捨、果、企

もちろん他にもたくさんあります。

●回文六年

25 さかさ

【先生・お母さんへ】これは、ことばの遊びです。楽しんでやらせてください。

上から読んでも下から読んでも、同じになるというおもしろい文やことばがあります。これを回文（かいぶん）と言います。たとえば、「やおや」とか「しんぶんし」などがそうですね。

❖その①

□の中に、回文になるようにことばを入れてごらんなさい。

① ト□□

② □ね□

③ き□□き

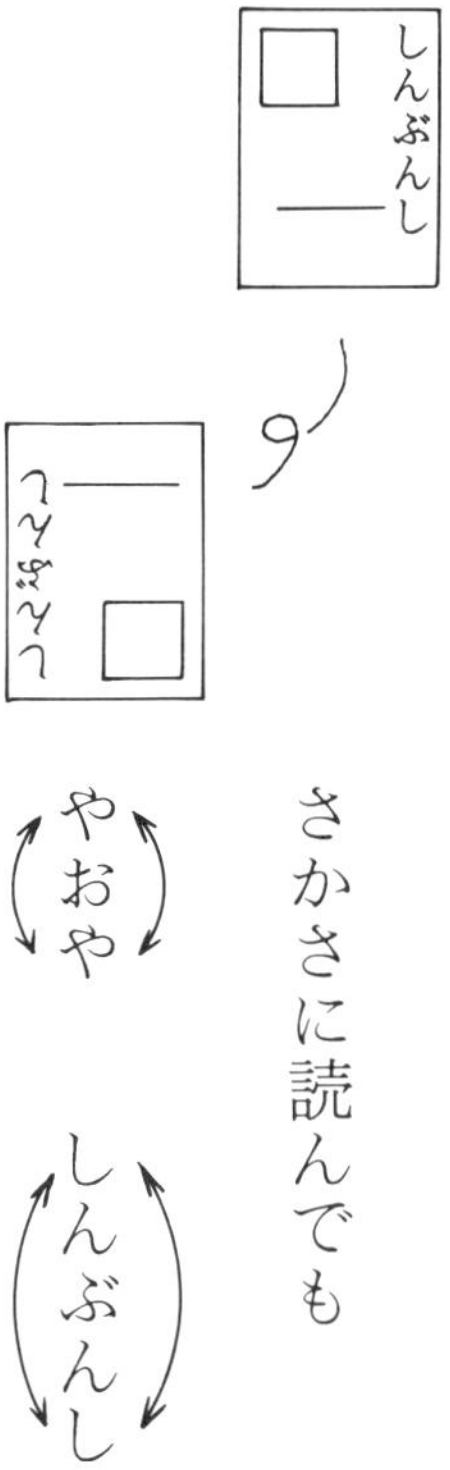
しんぶんし
しんぶんし
さかさに読んでも
やおや
しんぶんし

「やおや」「しんぶんし」ですね。

❖その②

① うた

② いろ

③ 竹やぶ

④ るすに

⑤ さかな

❖その③

回文になるように、うまく組み合わせてください。

①イカ

②このこ

③タイが

④かがみ

⑤この子

⑥かした

⑦バカな

⑧どこの子

⑨とんま

⑩みがかぬ

⑪いた

⑫たしかに

⑬ねこのこ

⑭とかい

⑮マントヒヒ

⑯カバ

答え

その①

①…トマト　②…こねこ　③…きつつき

その②

①…うたうたう　②…いろぐろい　③…竹やぶやけた　④…るすになにする

⑤…さかなのなかさ

その③

①と⑭　②と⑬　③と⑪　⑩と④　⑤と⑧　⑫と⑥　⑦と⑯　⑮と⑨

26 三段とび

●漢字の構成　六年

【先生・お母さんへ】高学年ともなると、新出漢字も既知の部首や漢字の組み合わせのものが多くなります。漢字の成り立ちに楽しんで取り組ませましょう。

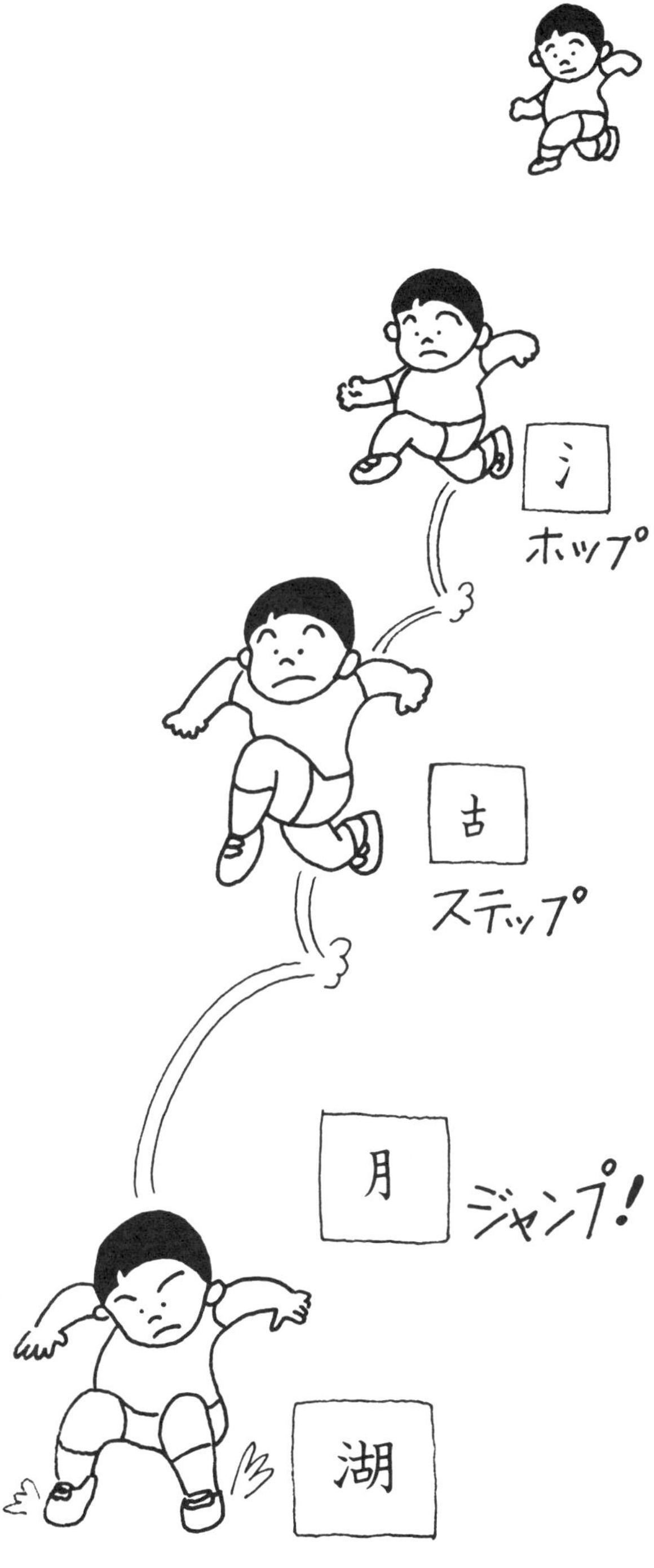

ホップ・ステップ・ジャンプの三つのステップをふんで、三つで一つの漢字を作るのです。たとえば、「ホップ」グループから「イ」を、「ステップ」グループから「重」を、「ジャンプ」グループから「力」を選べば、「働」という字になります。

三段とびの順が筆順になっていますから、それに従って文字を作ってみてください。

	①	②	③	④	⑤
ホップ	艹	宀	言	苟	イ
ステップ	必	攵	氵	重	士
ジャンプ	力	各	心	言	山

ジャンプ	ステップ	ホップ	
口	丸	糸	⑥
木	士	雨	⑦
厶	九	首	⑧
力	辶	氵	⑨
寸	二	坴	⑩

ジャンプ	ステップ	ホップ	
可	音	月	⑪
凶	刀	亻	⑫
心	亻	阝	⑬
㐄	⺍	扌	⑭
口	夂	艹	⑮

ジャンプ	ステップ	ホップ	
頁	車	角	⑯
比	火	冖	⑰
牛	日	言	⑱
火	刀	宀	⑲
辶	各	氵	⑳

ジャンプ	ステップ	ホップ	
示	日	耳	㉑
日	公	扌	㉒
心	口	竹	㉓
王	門	木	㉔
一	木	糸	㉕

答え

①…落
②…密
③…誌
④…警
⑤…働
⑥…結
⑦…雲
⑧…導
⑨…染

⑩…勢
⑪…脳
⑫…億
⑬…降
⑭…招
⑮…荷
⑯…解
⑰…運
⑱…談

⑲…額
⑳…混
㉑…聖
㉒…担
㉓…簡
㉔…禁
㉕…総

●漢字の画数　六年

27 次はどっちだ？

【先生・お母さんへ】漢字の画数は、しっかりおさえたいものです。疑問があったら、漢和辞典をすぐに引く心構えをもたせましょう。

❖その①

スタートの漢字は「始」で八画です。同じ八画の漢字を探してゴールまで行ってください。

たて、横、ななめのどの方向にも進めます。

スタート↓（始）

県	冊	志	始
魚	東	承	応
雨	初	必	退
羊	固	宝	似
訓	回	安	易
余	表	延	員
泳	何	前	音

↓ゴール（泳）

❖その②

今度は、一画ずつ画数を増やしていってください。スタートは一で一画ですね。次は二画、そして三画……と順に増やしてゴールまで行きましょう。

ゴール↑（孫）

花	母	混	孫
三	毒	派	父
近	宮	以	灰
民	考	友	沿
安	上	永	万
立	玉	何	区
一	刀	丸	因

↑スタート（一）

答え

スタート↓（始）

県	冊	志	始
魚	東	承	応
雨	初	必	退
羊	固	宝	似
訓	回	安	易
余	表	延	員
泳	何	前	音

↓ゴール（泳）

ゴール↑（孫）

花	母	混	孫
三	毒	派	父
近	宮	以	灰
民	考	友	沿
安	上	永	万
立	玉	何	区
一	刀	丸	因

↑スタート（一）

●漢字の画数　六年

28 国語で計算？

例にならって、漢字の画数の計算をしてください。

例
刀(2) × 女(3) = 糸(6)

① 医( ) × 丁( ) = 誤( )

② 母( ) − 弓( ) = 九( )

③ 非( ) + 片( ) = 貿( )

④ 器( ) ÷ 丸( ) = 世( )

【先生・お母さんへ】まちがえやすい部首の画数は、何度も書きながら覚えることです。

⑤ 比 ＋ 水 ＝ 歩
（ ） （ ） （ ）

⑥ 協 － 成 ＝ 十
（ ） （ ） （ ）

⑦ 体 × 与 ＝ 露
（ ） （ ） （ ）

⑧ 馬 ÷ 写 ＝ 二
（ ） （ ） （ ）

答え

①…7×2＝14　⑤…4＋4＝8

②…5－3＝2　⑥…8－6＝2

③…8＋4＝12　⑦…7×3＝21

④…15÷3＝5　⑧…10÷5＝2

●漢字の読み 六年

29 なんと読むの？

【先生・お母さんへ】昔からのならわしで、特別な読み方が決められているものがあることを教えます。

さて、次の漢字は、なんと読めばいいでしょう。□の中に、ひらがなを入れましょう。

① 雨戸 □□□

② 金具 □□□

③ 功徳 □□□

④ 工夫 □□□

⑤ 境内 □□□□

⑥ 内裏 □□□

⑦ 弟子 □□

⑧ 拍子 □□□□

⑨ 支度 □□□

⑩ 木立 □□□

⑪ 流人 □□□

⑫ 問屋 □□□

⑬ 布団　□□□

⑭ 仮病　□□□□

⑮ 真紅　□□□

⑯ 成就　□□□□□

⑰ 修行　□□□□□

⑱ 雑巾　□□□□

答え

①…あまど　②…かなぐ　③…くどく　④…くふう　⑤…けいだい　⑥…だいり
⑦…でし　⑧…ひょうし　⑨…したく　⑩…こだち　⑪…るにん　⑫…とんや
⑬…ふとん　⑭…けびょう　⑮…しんく　⑯…じょうじゅ　⑰…しゅぎょう
⑱…ぞうきん

●略語六年

30 もとは何?

【先生・お母さんへ】ふだんなにげなく使っている略された熟語のもとを知るのも楽しいですね。

❖その①

特価ということばがありますね。これは、「特別価格」を略したものです。このように、もとのことばを考えて、□の中に漢字を入れましょう。

① 国連 ― 国□連□

② 原爆 ― 原□爆□

③ 私鉄 ― 私□鉄□

④ 労組 ― 労□組□

⑤ 日銀 ― 日□銀□

⑥ 民放 ― 民□放□

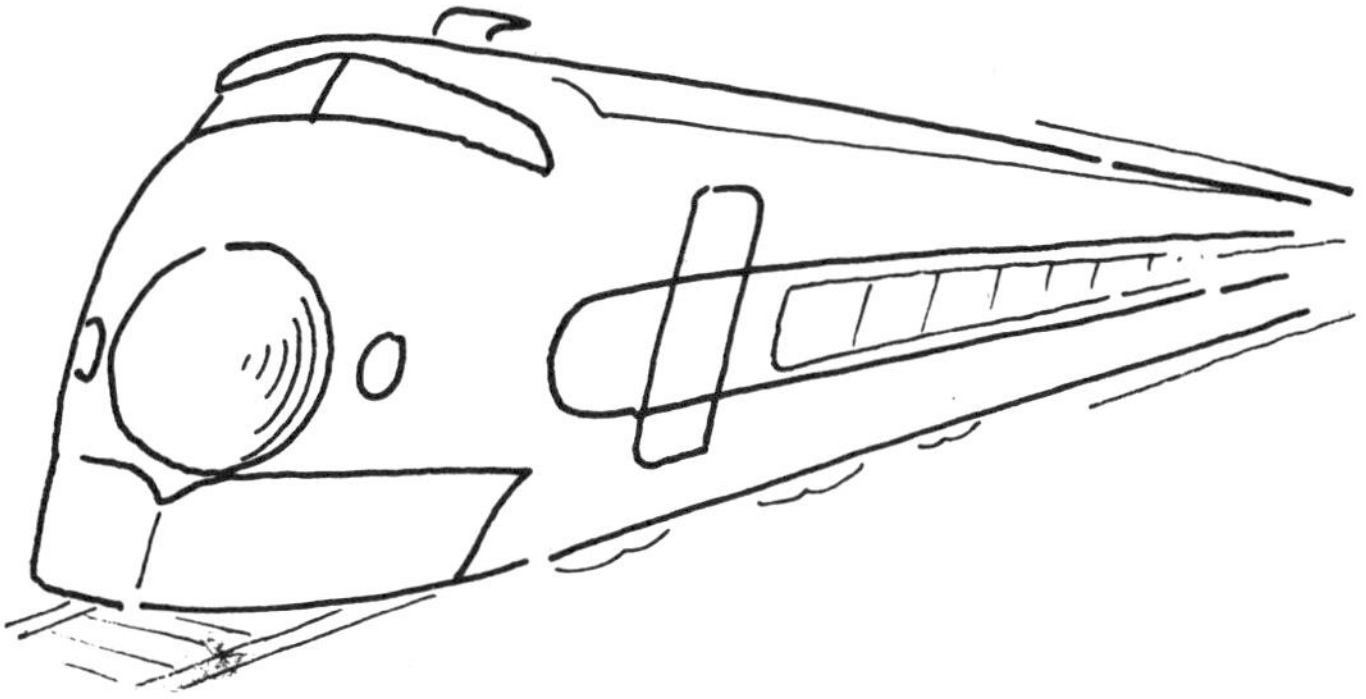

❖その②
つぎのことばを略語にしてみてください。

① 特別急行
□□

② パトロールカー
□□□□

③ 安全保障条約
□□□□

④ 入学試験
□□

⑤ 日本放送協会（ローマ字）
□□□

⑥ ストライキ □□

⑦ デモンストレーション □□

⑧ 地方裁判所 □□

答え

その①

①…国際連合　②…原子爆弾　③…私有鉄道　④…労働組合　⑤…日本銀行

⑥…民間放送

その②

①…特急　②…パトカー　③…安保条約　④…入試　⑤…ＮＨＫ

⑥…スト　⑦…デモ　⑧…地裁

●慣用句　六年

31 相手をさがして

【先生・お母さんへ】ことわざと同様に慣用句も使いこなせると、文を書く時に、なにかと役に立ちます。

口、足、舌、目、胸の慣用句になるように、(あ)～(こ)からうまく相手を見つけてください。2つずつあります。

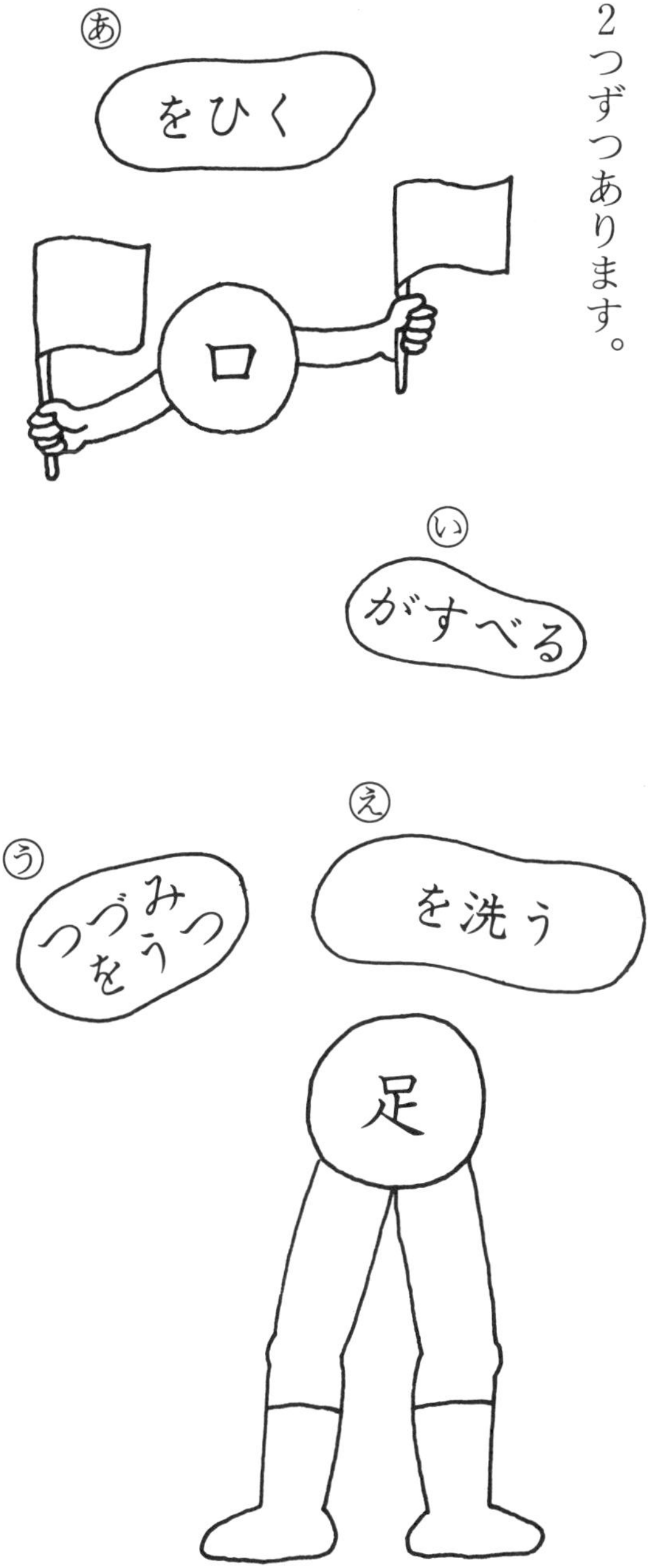
(あ)
をひく
口
(い)
がすべる
(う)
つづみをうつ
(え)
を洗う
足

㋔ がすく

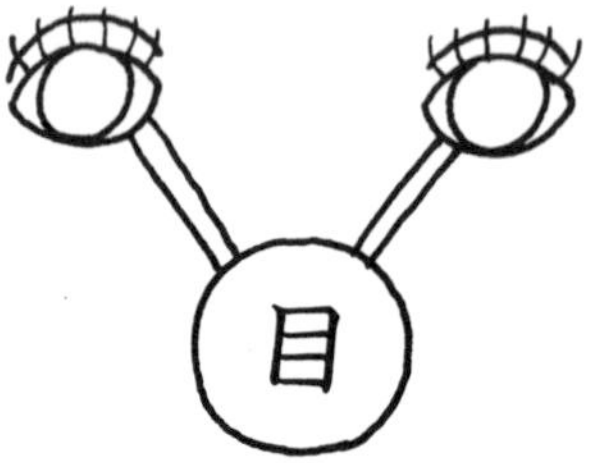

㋕ をわる

㋖ をうつ

㋗ が棒になる

㋘ をまく

㋙ の上のこぶ

慣用句とは、昔から、あることばの代わりに使われてきて、決まった特別な言いならわしになっていることばを言います。えらぶらないことを「頭が低い」と言ったり、すっかり喜んでしまうことを「有頂天《うちょうてん》」と言ったりするわけです。
体の部分を使った慣用句だけでも、まだまだたくさんあります。調べてみると、もっと楽しくなりますよ。

答え

口 ㋑ ㋕

足 ㋓ ㋗

舌 ㋒ ㋘

目 ㋐ ㋙

胸 ㋔ ㋖

32 ひとやすみ

●漢字の音

ある日、動物園に行きました。でも、かんばんの名前が全然読めません。わかりますか?

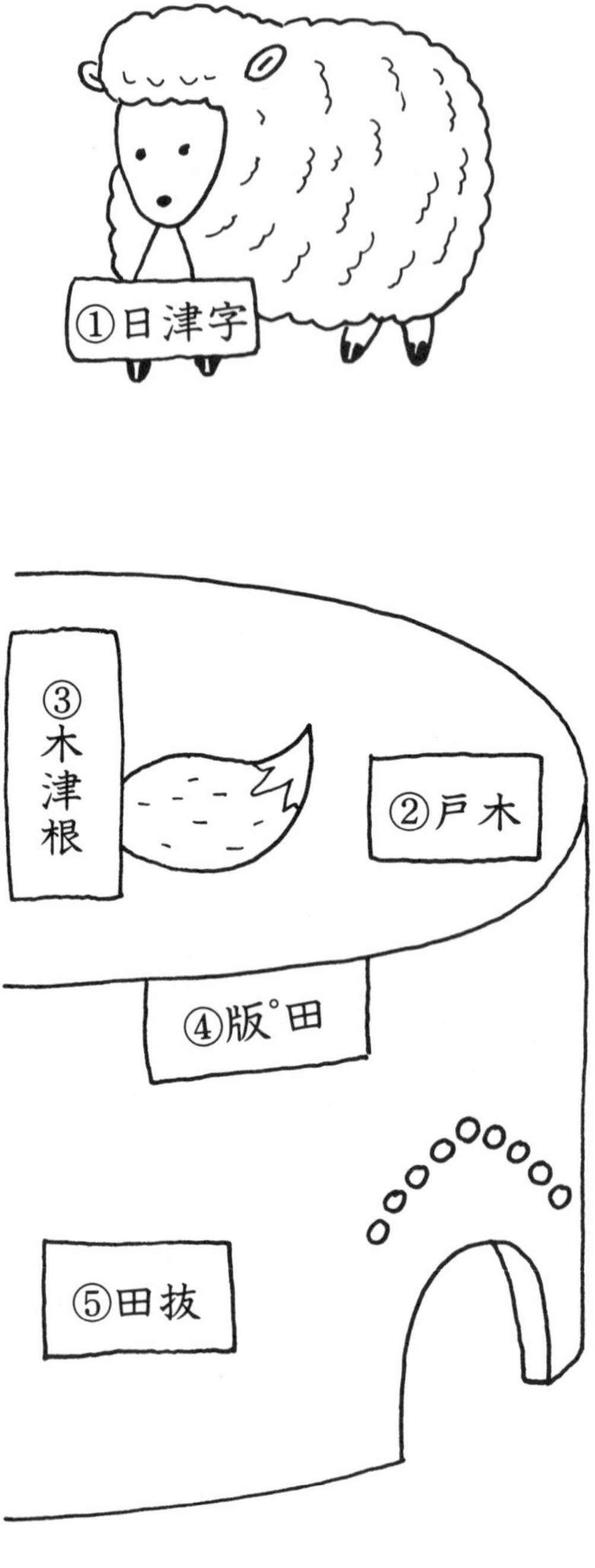

【先生・お母さんへ】これは、あくまで「遊び」の使い方であることを言いきかせてください。

⑥渋滞

⑦筆銀

⑨雷音
⑧木林
⑩里巣
⑪差留
⑫増

⑬四魔宇間

答え

①…ヒツジ　②…トキ　③…キツネ　④…パンダ　⑤…タヌキ　⑥…コンドル　⑦…ペンギン　⑧…キリン　⑨…ライオン　⑩…リス　⑪…サル　⑫…ゾウ　⑬…シマウマ

●同訓異義　六年

33 どの字が正しい？㈠

【先生・お母さんへ】音や訓が同じで意味の違う漢字や熟語は書き誤りやすいもの。漢字が表意文字であることに気づかせ、正しく使い分ける意識をもたせましょう。

□の中に入る漢字を書きましょう。

① あげる
　本を棚に㋐げる
　全力を㋑げる

② あう
　町で友だちと㋐う
　私たちは気が㋑う

③ うる
　商品を㋐る
　㋑るところが大きい

④ うつ
　親のかたきを㋐つ
　バットでボールを㋑つ

⑤ おう
　犯人を㋐う
　責任を㋑う

⑥ おる
　布を㋐る
　木の枝を㋑る

⑦ なく
- 小鳥が[あ]く
- 赤ちゃんが[い]く

⑧ かう
- とんぼが飛び[あ]う
- おかしを[い]う

⑨ とる
- 長い方を[あ]る
- 多数決を[い]る

⑩ つく
- 空港に[あ]く
- 新しい仕事に[い]く

⑪ のぞむ
- 平和を[あ]む
- 開会式に[い]む

⑫ のびる
- ゴムが[あ]びる
- 雨で試合が[い]びる

⑬ すむ
- 支はらいが[あ]む
- となりの家に[い]む

⑭ そなえる
- 花を[あ]える
- 災害に[い]える

⑮ すすめる
前へ［あ］める
入会を［い］める

⑰ さます
お湯を［あ］ます
朝、目を［い］ます

⑲ いる
的に矢を［あ］る
お金が［い］る
［う］り日を見つめる

㉑ うつす
風景を［あ］す
別の場所に［い］す
かげを［う］す

⑯ あやまる
先生に［あ］る
やり方を［い］る

⑱ つくる
詩や短歌を［あ］る
船を［い］る

⑳ あらわす
正体を［あ］す
書物を［い］す
意味を［う］す

㉒ つとめる
会社に［あ］める
訓練に［い］める
議長を［う］める

㉓ おさめる

- 税金を[あ]める
- 国を[い]める
- 学問を[う]める
- 手中に[え]める

㉔ たつ

- 布地を[あ]つ
- 家が[い]つ
- 退路を[う]つ
- 消息を[え]つ
- 席を[お]つ

㉕ はかる

- 時間を[あ]る
- 深さを[い]る
- 容積を[う]る
- 解決を[え]る

答え

① あ…上　い…挙
② あ…会　い…合
③ あ…売　い…得
④ あ…討　い…打
⑤ あ…追　い…負
⑥ あ…織　い…折
⑦ あ…鳴　い…泣
⑧ あ…交　い…買
⑨ あ…取　い…採
⑩ あ…着　い…就
⑪ あ…望　い…臨
⑫ あ…伸　い…延
⑬ あ…済　い…住
⑭ あ…供　い…備
⑮ あ…進　い…勧
⑯ あ…謝　い…誤
⑰ あ…冷　い…覚
⑱ あ…作　い…造
⑲ あ…射　い…要　う…入
⑳ あ…現　い…著　う…表
㉑ あ…写　い…移　う…映
㉒ あ…勤　い…努　う…務
㉓ あ…納　い…治　う…修　え…収
㉔ あ…裁　い…建　う…断　え…絶　お…立
㉕ あ…計　い…測　う…量　え…図

●同音異義　六年

34 どの字が正しい？㈡

❖その①

次の同音異義語の正しい漢字の組み合わせを見つけて、①〜④の文と結びましょう。

① 裁判は、コウセイに行われる　・

② 番組のコウセイを考える　・

③ コウセイに残る名演技だ　・

④ 政府は、福利コウセイに力を入れる　・

公	成
厚	世
後	生
構	正

❖その②

□の中に入る漢字を書きましょう。すべて二文字入ります。

① カイソウ
- むかしを　あ　する
- ヨットが　い　する

② コウエイ
- あ　プールで泳ぐ
- 選ばれて　い　だ

③ キョウギ
- 陸上　あ　に出場する
- 重大な　あ　をする。

④ キョウリョク
- ききめの　あ　な薬
- みんなで　い　する

⑤ シュウシ
- あ　がつり合う
- い　変わらない態度

⑥ ジタイ
- あ　が急に変わる
- 役目を　い　する

⑦ ショウガイ
- あ　事件が起こる
- い　物競走

⑧ シンチョウ
- 意味　あ　な表現
- い　がのびた

⑨ シュウセイ
- [あ] 考えを変えない
- 動物の [い]

⑪ シキ
- [あ] が近い病人
- [い] さかんな軍隊

⑬ コウカン
- 他人に [あ] を与える
- なごやかな [い] 会
- 両国の [う] が集まる

⑮ シンカ
- [あ] を問われる
- 生物の [い] の歴史
- 理解がいっそう [う] する

⑩ シンキ
- [あ] 一転して働く
- [い] に仕事を始める

⑫ シンコウ
- [あ] を結ぶ
- [い] 住宅地

⑭ キカン
- 組合の [あ] 誌を発行する
- この [い] に本を読む
- 消化 [う] を検査する

⑯ コウエン
- バレエの [あ]
- [い] で遊ぶ
- 有名人の [う] 会

⑰ サンセイ
- [あ] とアルカリせい
- 婦人に [い] 権が認められる
- その意見に [う]

⑱ キセイ
- 休みに [あ] する
- 交通を [い] する
- 集まって [う] をあげる
- 体内に [え] する

答え

その①

①…公正　②…構成　③…後世　④…厚生

その②

①
ⓐ…回想
ⓘ…快走

②
ⓐ…公営
ⓘ…光栄

③
ⓐ…競技
ⓘ…協議

④
ⓐ…強力
ⓘ…協力

⑤
ⓐ…収支
ⓘ…終始

⑥
ⓐ…事態
ⓘ…辞退

⑦
ⓐ…傷害
ⓘ…障害

⑧
ⓐ…深長
ⓘ…身長

⑨
ⓐ…終生
ⓘ…習性

⑩
ⓐ…心機
ⓘ…新規

⑪
ⓐ…死期
ⓘ…士気

⑫
ⓐ…親交
ⓘ…新興

⑬
ⓐ…好感
ⓘ…交歓
ⓤ…高官

⑭
ⓐ…機関
ⓘ…期間
ⓤ…器官

⑮
ⓐ…真価
ⓘ…進化
ⓤ…深化

⑯
ⓐ…公演
ⓘ…公園
ⓤ…講演

⑰
ⓐ…酸性
ⓘ…参政
ⓤ…賛成

⑱
ⓐ…帰省
ⓘ…規制
ⓤ…気勢
ⓔ…寄生

●慣用句 六年

35 うまく見つけて

【先生・お母さんへ】慣用句は、いつも一続きの決まった形で使われます。問題を解きながら、たくさん覚えさせましょう。

① 切れた線を結びましょう。

㋐ 油を
㋑ 息を
㋒ うり
㋓ かたを、
㋔ 雲を

㋑ 二つ
㋺ ならべる
㋩ ひそめる
㋥ うる
㋭ つかむ

② どれとどれが合いますか？

㋐ ばんをおす	㋑ 図に
㋒ 気が	㋓ 友
㋔ 竹馬の	㋕ のる
㋖ たいこ	㋗ ない

③ □の中に動物名を入れてください。(あ)、(え)、(お)は漢字一字です。

(あ) かい□に手をかまれる

(い) □□□につままれる

(う) □□の一声

(え) 生き□の目をぬく

(お) 飛ぶ□を落とす勢い

(か) □□のひたい

答え

①…(あ)と㋥
(い)と㋩
(う)と㋑
(え)と㋺
(お)と㋭

②…(い)と(か)
(う)と(く)
(お)と(え)
(き)と(あ)

③…(あ) 犬
(い) キツネ
(う) ツル
(え) 馬
(お) 鳥
(か) ネコ

●熟語 六年

36 どこで分けますか

【先生・お母さんへ】ある漢字に他の漢字を組み合わせることによって、熟語がいくつでもできます。ですから三字、四字……六字などと長いものも出てくるのです。

次の熟語は、どこで区切れますか。線をひいてごらんなさい。

① 市町村
② 新記録
③ 音楽会
④ 安全性
⑤ 副議長
⑥ 松竹梅
⑦ 東西南北
⑧ 軽自動車
⑨ 農業協同組合
⑩ 重要参考人
⑪ 健康優良児
⑫ 二重人格者

答え

①…市町村
②…新記録
③…音楽会
④…安全性
⑤…副議長
⑥…松竹梅
⑦…東西南北
⑧…軽自動車
⑨…農業協同組合
⑩…重要参考人
⑪…健康優良児
⑫…二重人格者

●反対語　六年

37 賛成の反対は？

【先生・お母さんへ】性質や状態、方向、時間などが反対のものを集めました。

悪意↔善意のように、反対の意味をもつ熟語があります。□の中に漢字一字を入れて、反対語を作ってください。

例　当□／落□

答え…選

①　悪□／好□

②　上□／下□

③　発□／停□

④

	開
閉	

⑤

	益
害	

⑥

	高
低	

⑦

	上
下	

⑧

	長
短	

⑨

	可
否	

⑩

	登
下	

答え

①…評　②…以　③…車
④…会　⑤…虫　⑥…最
⑦…品　⑧…所　⑨…決
⑩…校
答えはこれ以外にもあります。

●対義語　六年

38 反対ことばクイズ

【先生・お母さんへ】反対語や対義語には、漢字一字が変わってできるものや、熟語としてのものなどいろいろあります。語に対する関心を高めさせたいものです。

❖その①

反対の意味をもつことば（えさとさかな）を結びつけましょう。

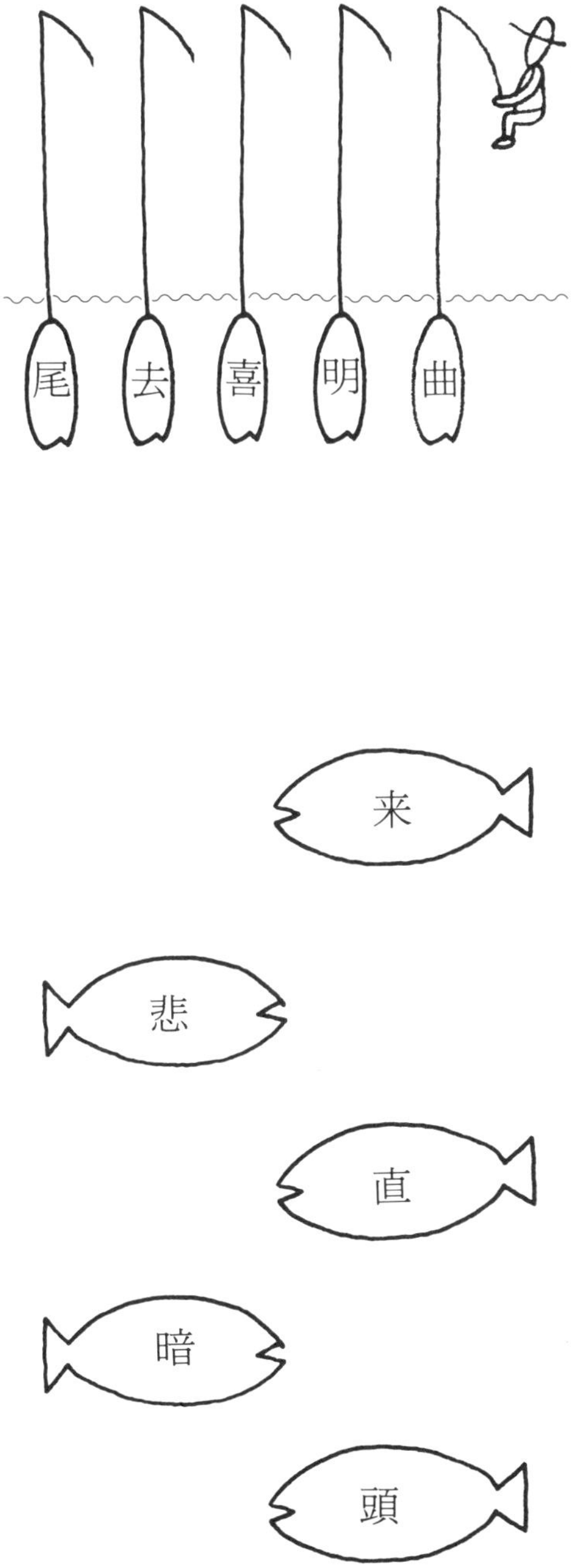

❖その②

外の□の中の漢字と、円の中の反対の意味の漢字を組み合わせて、熟語を作りましょう。

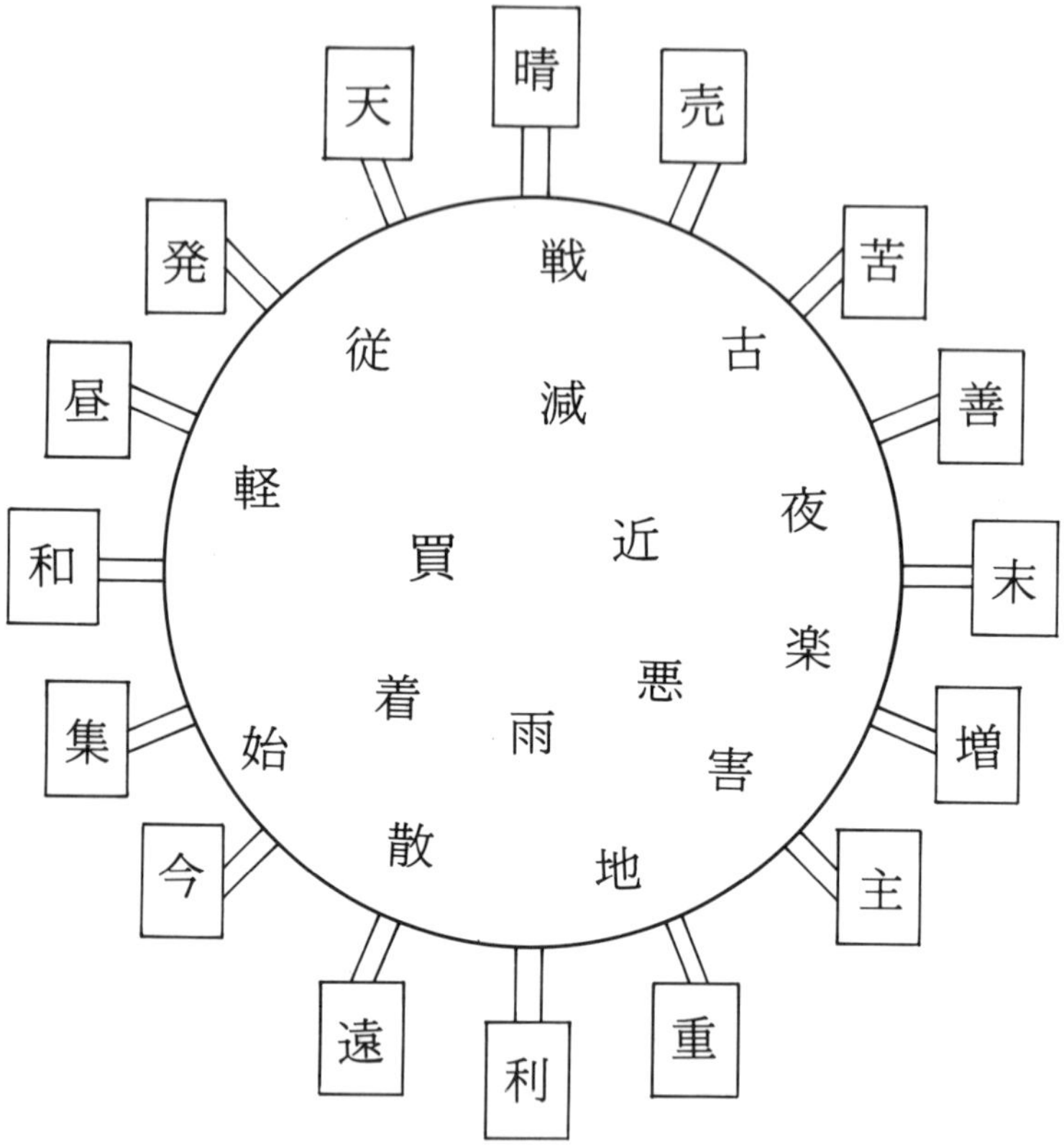

❖その③

外の□の中のことばと反対の意味のことばを、円の中から選びましょう。

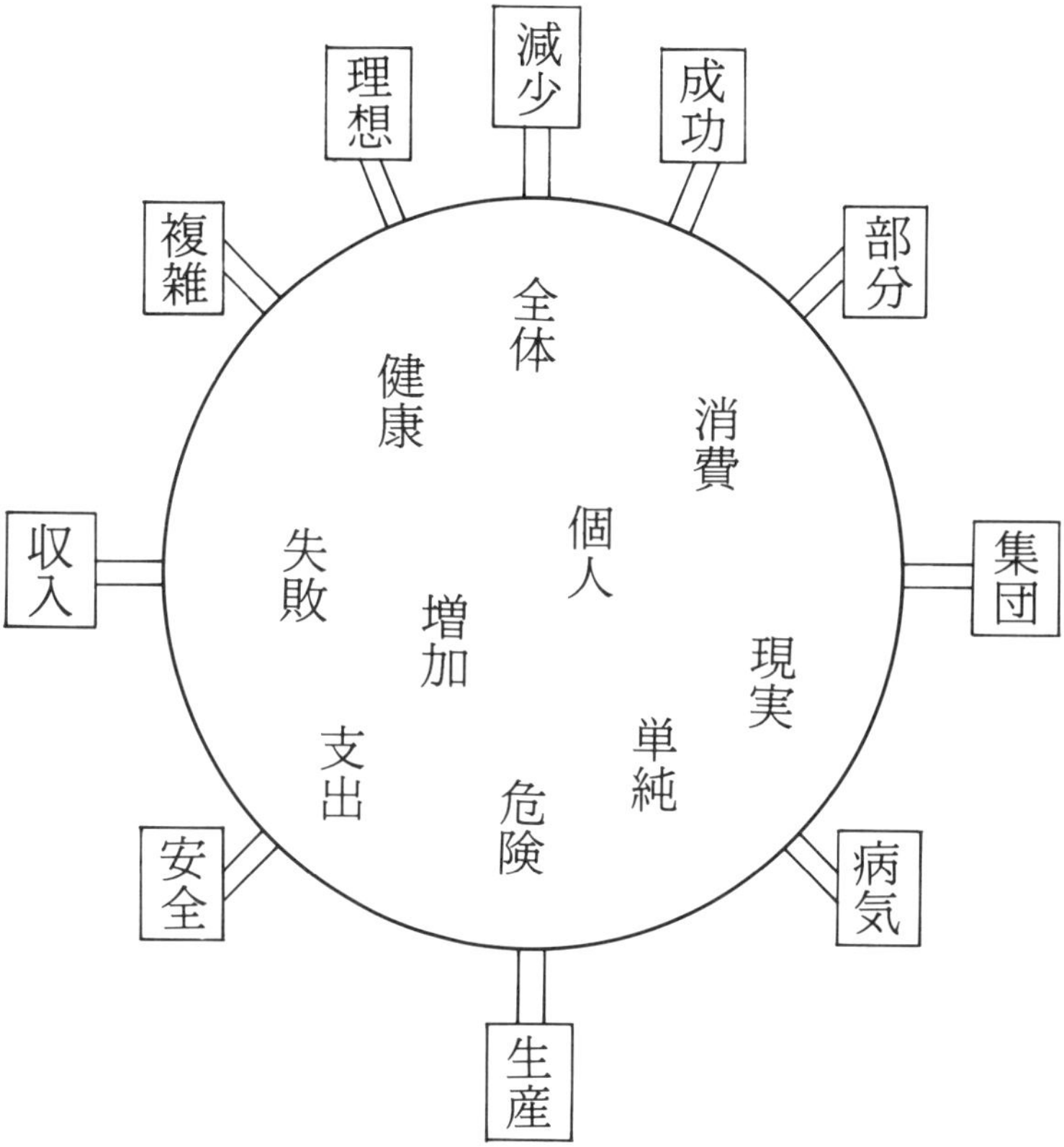
減少
成功
部分
集団
病気
生産
安全
収入
複雑
理想
全体
健康
消費
個人
失敗
増加
現実
単純
支出
危険

答え

その①

曲―直　明―暗　喜―悲　去―来　尾―頭

その②

売―買…売買　苦―楽…苦楽　善―悪…善悪　末―始…始末

増―減…増減　主―従…主従　重―軽…軽重　利―害…利害

遠―近…遠近　今―古…古今　集―散…集散　和―戦…和戦

昼―夜…昼夜　発―着…発着　天―地…天地　晴―雨…晴雨

その③

減少―増加　成功―失敗　部分―全体　集団―個人　病気―健康

生産―消費　安全―危険　収入―支出　複雑―単純　理想―現実

●二字熟語 六年

39 漢字の連想・共通一字

「山」と言われて、何を思いうかべるでしょうか。「川」「海」「富士」などいろいろ出てくるでしょう。ここでは、ヒントから連想する二字熟語を答えます。ただし、二字のうち、一字はわかっているのですが……。

【先生・お母さんへ】 あることばから連想する二字熟語を考えさせます。一字だけ共通なので、子どもも楽しんで取り組みます。辞書を使いながら遊んでもいいですね。

（ヒント）

① 不乱…………□心

② 火事…………□心

③ 小役人………□心

④ 打ち明け……□心

⑤ 丸の内………□心

（ヒント）

⑥ ランプ………□心

⑦ 綿密…………□心

⑧ 円……………□心

⑨ びくびく……□心

⑩ 寝返り………□心

（ヒント）

⑪ 太陽…… 点

⑫ 出発…… 点

⑬ 到着…… 点

⑭ 最高峰…… 点

⑮ レンズ…… 点

（ヒント）

⑯ 答案…… 点

⑰ つけこむ…… 点

⑱ 短所…… 点

⑲ 補欠…… 点

⑳ ＯＫ…… 点

（ヒント）

㉑ エース……□手

㉒ 体操……□手

㉓ 地味……□手

㉔ 下町……□手

㉕ 応援……□手

（ヒント）

㉖ 賛成……□手

㉗ 台所……□手

㉘ マイク……□手

㉙ 御用……□手

㉚ 剣道……□手

（ヒント）

㉛ 私……分

㉜ おそらく……分

㉝ 分母・分子……分

㉞ 一新……分

㉟ 大義……分

（ヒント）

㊱ 真二つ……分

㊲ 証明書……分

㊳ 海……分

㊴ 豆……分

㊵ 次郎長……分

（ヒント）

㊶ 出世……□身

㊷ 内容……□身

㊸ 母校……□身

㊹ まぐろ……□身

㊺ ひらめ……□身

（ヒント）

㊻ 2メートル……□身

㊼ 刑……□身

㊽ おしまない……□身

㊾ 構え……□身

㊿ 術……□身

（ヒント）

51 圏……□気
52 タレント……□気
53 積極……□気
54 消極……□気
55 厳禁……□気

（ヒント）

56 予報……□気
57 見舞……□気
58 百倍……□気
59 汽車……□気
60 やかん……□気

（ヒント）

61 物価……□動

62 引越……□動

63 名作……□動

64 校庭……□動

65 火山……□動

（ヒント）

66 エンジン……□動

67 食物……□動

68 強権……□動

69 車……□動

70 説……□動

答え

①…一 ②…用 ③…同 ④…本 ⑤…都 ⑥…灯 ⑦…細 ⑧…中 ⑨…内 ⑩…変
⑪…黒 ⑫…起 ⑬…終 ⑭…頂 ⑮…焦 ⑯…満 ⑰…弱 ⑱…欠 ⑲…次 ⑳…合
㉑…投 ㉒…選 ㉓…派 ㉔…山 ㉕…拍 ㉖…挙 ㉗…勝 ㉘…歌 ㉙…十 ㉚…小
㉛…自 ㉜…多 ㉝…約 ㉞…気 ㉟…名 ㊱…半 ㊲…身 ㊳…塩 ㊴…節 ㊵…親
㊶…立 ㊷…中 ㊸…出 ㊹…赤 ㊺…白 ㊻…長 ㊼…終 ㊽…骨 ㊾…半 ㊿…護
(51)…大 (52)…人 (53)…強 (54)…弱 (55)…火 (56)…天 (57)…病 (58)…勇 (59)…蒸 (60)…湯
(61)…変 (62)…移 (63)…感 (64)…運 (65)…活 (66)…始 (67)…流 (68)…発 (69)…自 (70)…地

●二字熟語　六年

40 つながり熟語パズル

【先生・お母さんへ】考えるだけでなく、慣れてきたら、このような熟語パズルを自分で作らせてみるとよいでしょう。どんどん漢字の力がつきます。

真ん中の空いているマスの中にあてはまる漢字を書き、二字の熟語を作りましょう。

例

	統	
均	一	生
	流	

「一」を入れると「統一」「均一」「一流」「一生」と四組の熟語ができるわ

①

	目	
地		等
	品	

②

	天	
秀		能
	覚	

③

	晴	
雨		使
	地	

④

	工	
記		件
	実	

⑤

	病	
必		亡
	体	

⑥

	未	
往		客
	年	

⑦

	計	
絵		集
	家	

⑧

	不	
改		心
	好	

⑨

	紅	
純		鳥
	紙	

⑩

	貧	
輸		液
	管	

⑪

	出	
全		体
	長	

⑫

	比	
貴		大
	要	

⑬

	活	
運		作
	機	

⑭

	回	
領		集
	入	

⑮

	作	
注		化
	学	

⑯

	有	
無		力
	果	

⑰

	最	
標		級
	山	

⑱

	時	
現		理
	表	

⑲

	引	
統		先
	直	

⑳

	学	
先		活
	徒	

㉑

	電	
勇		力
	体	

㉒

	面	
司		話
	議	

㉓

	安	
完		滅
	体	

㉔

	火	
登		地
	脈	

㉕

	改	
公		面
	常	

㉖

	宝	
岩		油
	炭	

㉗

	不	
公		和
	均	

㉘

	図	
読		写
	記	

㉙

	人	
出		実
	調	

㉚

	意	
興		方
	覚	

㉛

	設	
準		考
	品	

㉜

	頂	
海		映
	達	

㉝

	勉	
補		力
	情	

㉞

	乱	
記		会
	賞	

㉟

	知	
美		情
	間	

㊱

	発	
進		示
	覧	

㊲

	会	
談		題
	術	

㊳

	反	
応		称
	立	

㊴

	必	
重		点
	領	

㊵

	合	
統		算
	画	

㊶

	養	
区		解
	散	

㊷

	台	
強		力
	向	

㊸

	草	
野		稿
	因	

㊹

	目	
午		後
	進	

㊺

	時	
急		度
	達	

㊻

	園	
手		当
	術	

㊼

	木	
細		事
	夫	

㊽

	質	
学		答
	題	

㊾

	最	
接		所
	辺	

㊿

	道	
手		番
	調	

51

	承	
報		人
	識	

52

	補	
病		点
	席	

53

	自	
供		料
	食	

54

	予	
五		心
	想	

㊺

	全	
身		格
	育	

㊻

	大	
豊		場
	業	

㊼

	水	
公		虫
	悪	

㊽

	鉄	
炭		山
	石	

㊾

	背	
鉄		力
	肉	

㊿

	適	
親		手
	断	

答え

①…下 ②…才 ③…天 ④…事 ⑤…死 ⑥…来 ⑦…画 ⑧…良 ⑨…白

⑩…血 ⑪…身 ⑫…重 ⑬…動 ⑭…収 ⑮…文 ⑯…効 ⑰…高 ⑱…代

⑲…率 ⑳…生 ㉑…気 ㉒…会 ㉓…全 ㉔…山 ㉕…正 ㉖…石 ㉗…平

㉘…書 ㉙…口 ㉚…味 ㉛…備 ㉜…上 ㉝…強 ㉞…入 ㉟…人 ㊱…展

㊲…話 ㊳…対 ㊴…要 ㊵…計 ㊶…分 ㊷…風 ㊸…原 ㊹…前 ㊺…速

㊻…芸 ㊼…工 ㊽…問 ㊾…近 ㊿…順 (51)…知 (52)…欠 (53)…給 (54)…感

(55)…体 (56)…漁 (57)…害 (58)…鉱 (59)…筋 (60)…切

41 いくつ書けるかな

●三字熟語　六年

【先生・お母さんへ】三字熟語でも、下の語が上の語を助けて、いろいろな意味をそえるものを取りあげてみました。

①

専門家	家	家

家	家	家

②

会	会	会

会	会	会

③

券	券	券

券	券	券

④

学	学	学

学	学	学

⑤

性	性	性

性	性	性

⑥

官	官	官

官	官	官

⑦

店	店	店

店	店	店

⑧

長	長	長

長	長	長

答え

これらのほかにも答えはいろいろあります。

①…芸術家、自信家、音楽家、実業家、洋画家
②…展覧会、運動会、競技会、音楽会、学芸会、座談会
③…乗車券、定期券、特急券、入場券、航空券、回数券
④…天文学、言語学、物理学、生物学、教育学、人類学
⑤…公共性、必要性、重要性、可能性、合理性、実用性
⑥…裁判官、外交官、消防官、警察官、保安官、自衛官
⑦…百貨店、小売店、洋品店、時計店、有名店、飲食店
⑧…学校長、委員長、工場長、裁判長、書記長、副議長

●仮借文字

42 ひとやすみ

【先生・お母さんへ】都市名など意味のあてはまる漢字がない時に読みだけであてはめた漢字が、この仮借（かしゃ）文字です。

次の漢字は、実際に世界の都市や国を表すのに使われています。読めるかな？

（ヒント）

① 桑港　サ○フラ○○○コ

② 巴里　パ○

③ 倫敦　○ン○ン

④ 伊太利　○タ○○

⑤ 紐育　ニュ○○○ク

⑥ 羅馬　○○マ

答え

①…サンフランシスコ　②…パリ

③…ロンドン　④…イタリア

⑤…ニューヨーク　⑥…ローマ

●四字熟語　六年

43 四つそろって一人前

【先生・お母さんへ】四字熟語のほとんどは、熟語の組み合わせで考えられますが、ここでは、それ以外の特殊なものも含めています。

❖その①

次の□の中に、数を表す漢字を入れて、熟語を作りましょう。

①□石□鳥　②□寒□温　③□人□色

④□進□退　⑤□差□別　⑥□方美人

❖その②

表の中には、あちこちに四字熟語がかくれています。さがし出して□で囲みましょう。

①

学	級	文	庫	試	合	科	会	観	運
校	旅	講	夏	期	本	首	社	察	五
新	人	堂	黄	末	別	卒	業	記	念
聞	冬	横	赤	全	体	中	月	録	頭
行	生	断	同	皮	育	交	夕	口	大
進	徒	歩	通	学	目	通	万	秋	花
火	事	道	三	角	定	規	弁	分	音
足	朝	士	千	四	天	制	護	度	楽
国	語	辞	典	手	下	右	左	器	少
黒	白	東	京	春	一	自	由	自	在

※かくれているのは、縦と横だけです。（ななめにはありません。）

②

対	外	試	合	図	前	進	後	退	団
抗	交	漢	当	弱	母	者	国	帯	算
戦	自	給	自	足	北	悪	際	和	用
天	然	資	源	保	斗	開	会	宣	言
皇	現	野	山	健	七	閉	議	長	語
陛	象	人	工	衛	星	初	短	強	父
下	予	備	作	生	物	早	春	分	文
身	防	虫	共	活	石	岩	夏	至	化
英	注	意	秒	一	日	千	秋	公	遺
放	射	線	問	題	提	起	冬	組	産

❖その③

□の中に、それぞれ同じ漢字を入れて四字熟語を作ってください。

① 民□□義

② 会□□長

③ 語□□習

④ □戦□勝

⑤ □造□間

⑥ □立□歩

❖その④

「自由自在」のほかに、「自□自□」の形をもつ四字熟語を、できるだけたくさんあげてみましょう。五つできれば合格、八つできたら優秀賞！

1 自□自□

2 自□自□

3 自□自□

4 自□自□

5 自□自□

6 自□自□

7 自□自□

8 自□自□

❖その⑤

□の中には、それぞれ反対の意味をもつ漢字が入ります。

① 一部□□　② □往□往　③ □□男女

④ □肉□食　⑤ □□左右

答え

その①…①　一・二　②　三・四　③　十・十　④　一・一　⑤　千・万　⑥　八

その②は略

その③…①　主・主　②　社・社　③　学・学　④　連・連　⑤　人・人

⑥　独・独

その④…自分自身　自問自答　自給自足　自業自得　自作自演

自学自習　自暴自棄　自画自賛　など

その⑤…①　始・終　②　右・左　③　老・若　④　弱・強　⑤　前・後

●熟語六年

44 漢字クロスワードパズル

【先生・お母さんへ】二字から五字の熟語まで、パズルのようにあてはめて遊ばせていくうちに、語いも増え、ことばに対する意識も高めていくことが期待できます。

次のすべての熟語を次頁のたて、横のマスに入れて、クロスワードパズルを完成させましょう。ただし各語は一度しか使ってはいけません。

①

宣言　運輸　最後　旅行　対話　言動　工芸　海上　動物　備考　対応　学問
星座　身長　人道　号令　道路　信号　検査　明朗
屋根裏　工事中　出来高　野性的　裏工作　輸出業　物理学　集中力　太平洋
調理人　準備中　紀行文
理科工作　和平会談　衛星通信　世論調査　最高水準　百人一首　文明開化
世界共通　化学反応　首相談話
遺産相続人　相対性理論　身上相談役

②

当時　完全　運動　演説　題目　労苦　取捨　気品　絶望　当選　作文　全身
輸入　宿題　実証　室内　客船　極地　命運　願望　指南　演劇
五目飯　昼食時　大西洋　分度器　無雑作　輸送船　図書室　遠心力　西部劇
商店街　内面的　雑貨店　客観的
目茶苦茶　四捨五入　食品検査　面会謝絶　図面作成　心理作戦　運転動作
電気器具　創作活動　四苦八苦　絶体絶命
身分証明書　南極探検隊

答え

①

		宣	言		屋	根	裏		集
運			動	物	■	■	工	事	中
輸	出	業	■	理	科	工	作	■	力
	来	■	■	学	■	芸	■	和	
最	高	水	準	■	■	■	太	平	洋
後	■	■	備	考	■	海	■	会	
	紀	■	中	■	身	上	相	談	役
旅	行	■	■	■	長	■	対		
	文	明	開	化	■	野	性	的	
		朗	■	学	問	■	理	■	検
	遺	■	■	反	■	世	論	調	査
	産	■	対	応	■	界	■	理	
首	相	談	話	■	■	共	■	人	道
	続	■	■	衛	星	通	信	■	路
百	人	一	首		座		号	令	

②

遠		創		大	西	洋		宿	
心	理	作	戦	■	部			題	目
力	■	活	■	演	劇		労	■	茶
	運	動	■	説	■	四	苦	八	苦
完	■	■	電	■	取	捨	■	■	茶
全	身	■	気	品	■	五	目	飯	
	分	度	器	■	輸	入			
実	証	■	具	■	送	■	指	南	
	明	■	■	客	船	■	■	極	地
図	書	室	■	観	■	昼	■	探	
面	■	内	面	的	■	食	品	検	査
作	文	■	会	■	当	時	■	隊	
成	■	■	謝	■	選	■	無	■	商
	絶	体	絶	命	■	■	雑	貨	店
願	望			運	転	動	作		街

著者紹介

鈴木雅晴

元慶應義塾幼稚舎教諭。昭和47年慶應義塾大学経済学部卒業。

甘利直義

元慶應義塾幼稚舎教諭。昭和50年慶應義塾大学経済学部・昭和52年文学部卒業。昭和53年文学部大学院卒業。現在専修幼稚園園長。

イラスト：品川昭夫

子《こ》どもの喜《よろこ》ぶ国語《こくご》クイズ＆パズル＆ゲーム〈高学年《こうがくねん》〉

2007年3月25日　初版発行

著　者　鈴木雅晴《すずきまさはる》・甘利直義《あまりなおよし》
発行者　武馬久仁裕
印　刷　株式会社　チューエツ
製　本　株式会社　チューエツ

発行所　株式会社　黎明書房《れいめいしょぼう》

〒460-0002　名古屋市中区丸の内3-6-27　ＥＢＳビル
☎052-962-3045　FAX052-951-9065　振替・00880-1-59001
〒101-0051　東京連絡所・千代田区神田神保町1-32-2
南部ビル302号　☎03-3268-3470

落丁本・乱丁本はお取替します。　ISBN978-4-654-01779-9